CÍRCULOS DE LEITURA
E LETRAMENTO LITERÁRIO

Conselho Acadêmico
Ataliba Teixeira de Castilho
Carlos Eduardo Lins da Silva
Carlos Fico
Jaime Cordeiro
José Luiz Fiorin
Tania Regina de Luca

Proibida a reprodução total ou parcial em qualquer mídia
sem a autorização escrita da editora.
Os infratores estão sujeitos às penas da lei.

A Editora não é responsável pelo conteúdo deste livro.
O Autor conhece os fatos narrados, pelos quais é responsável,
assim como se responsabiliza pelos juízos emitidos.

Consulte nosso catálogo completo e últimos lançamentos em **www.editoracontexto.com.br**.

CÍRCULOS DE LEITURA E LETRAMENTO LITERÁRIO

Rildo Cosson

Copyright © 2014 do Autor

Todos os direitos desta edição reservados à
Editora Contexto (Editora Pinsky Ltda.)

Montagem de capa e diagramação
Gustavo S. Vilas Boas

Preparação de textos
Raquel Alves

Revisão
Tomoe Moroizumi

Dados Internacionais de Catalogação na Publicação (CIP)
(Câmara Brasileira do Livro, SP, Brasil)

Cosson, Rildo
Círculos de leitura e letramento literário / Rildo Cosson. –
1. ed., 8ª reimpressão. – São Paulo : Contexto, 2025.

Bibliografia.
ISBN 978-85-7244-824-6

1. Leitura 2. Letramento 3. Literatura – Estudo e ensino
4. Literatura – História e crítica 5. Professores – Formação
6. Textos I. Título.

13-12431	CDD-807

Índices para catálogo sistemático:
1. Leitura literária : Ensino 807
2. Literatura : Estudo e ensino 807

2025

EDITORA CONTEXTO
Diretor editorial: *Jaime Pinsky*

Rua Dr. José Elias, 520 – Alto da Lapa
05083-030 – São Paulo – SP
PABX: (11) 3832 5838
contato@editoracontexto.com.br
www.editoracontexto.com.br

Sumário

PREFÁCIO..7

A LITERATURA EM TODO LUGAR..11

A LEITURA E SEUS ELEMENTOS..31

A LEITURA E SEUS OBJETOS...45

OS MODOS DE LER DA LEITURA LITERÁRIA..69

AS PRÁTICAS DA LEITURA LITERÁRIA..97

CÍRCULOS DE LEITURA: UM QUANTO DE TEORIA E UM TANTO DE PRÁTICAS........135

PARA MONTAR O SEU CÍRCULO DE LEITURA...157

CONCLUSÃO..177

BIBLIOGRAFIA...181

O AUTOR...191

Prefácio

A SEMENTE

A primeira vez que usei profissionalmente a expressão *círculo de leitura* foi para designar uma série de cursos de extensão realizados no período de 1999 a 2001, em Pelotas, Rio Grande do Sul. Os cursos faziam parte da disciplina Metodologia do Ensino de Literatura, a qual havia sido recentemente criada no curso de Letras da Universidade Federal de Pelotas. Eles foram desenhados para cumprir um duplo objetivo: oferecer aos alunos do ensino médio um encontro ou reencontro com o texto literário e proporcionar aos futuros licenciados em Letras uma forma de prática docente supervisionada. Logo, entretanto, eles superaram os limites dos alunos do ensino médio e passaram a receber pessoas de todas as procedências, a exemplo de professores do sistema de ensino local, aposentados e alunos de cursinho pré-vestibular.

Todas as atividades do curso eram preparadas antecipadamente nas aulas de Metodologia do Ensino de Literatura. Os alunos da disciplina formavam uma equipe conforme o número de participantes das turmas divididos em grupos de quatro a cinco pessoas. Para cada grupo, deveria haver um coordenador. Os textos usados, contos e poemas eram selecionados tendo como base a bagagem cultural dos alunos de Letras e, sempre que possível, uma sondagem da formação de leitor dos participantes. As atividades pedagógicas de leitura de cada texto baseavam-se em quatro passos. O primeiro consistia em um aquecimento ou motivação em forma de oficina textual, ou seja, uma atividade prática destinada a produzir um texto oral ou escrito relacionado com o texto literário que seria lido em seguida. No segundo passo, discutia-se o texto, lido previamente em casa, com os grupos. O terceiro era o registro dessa interpretação por escrito. O quarto consistia no compartilhamento das leituras dos grupos em um debate geral de toda a turma, visando à formação de uma comunidade interpretativa. No final do curso, os participantes preenchiam um formulário de avaliação da atividade e vários deles registraram o contentamento em participar das discussões que geravam a interpretação coletiva do texto literário, destacando como eram diferentes das aulas de literatura que haviam experienciado na escola.

A REFLEXÃO

A experiência desses cursos me levou a refletir sobre a leitura coletiva dos textos literários e a buscar conhecer outras experiências, tais como as várias versões dos círculos de literatura, clube do livro e clube de leitura. Durante mais de uma década, coletei diversos relatos sobre grupos de leitura e presenciei reuniões de pessoas de todas as idades em lugares distintos, como pequenos apartamentos, restaurantes sofisticados, praças de alimentação de shopping centers e hipermercados, coretos de praças públicas e igrejas, além da sala de jantar de minha própria casa.

Ao lado dos relatos, também uma extensa bibliografia sobre leitura, letramento literário, discussão em sala de aula e os diferentes tipos de círculo de leitura foi seletivamente consultada ao longo desse período. A cada ensaio produzido, a cada palestra proferida, a cada seminário assistido, a cada banca de mestrado ou doutorado da qual participava, essas leituras entravam em diálogo com o momento presente e ao mesmo tempo se sedimentavam em uma reflexão que procurava aprofundar e sistematizar a metodologia dos círculos de leitura enquanto instrumento de letramento literário.

O CONVITE

Este livro é uma síntese dessas observações e reflexões. Ao escrevê-lo, meu propósito foi traçar um panorama teórica e metodologicamente sustentado nas possibilidades de organização de círculos de leitura dentro e fora da escola.

Não se trata, porém, de um livro acadêmico, no sentido de um texto que pretende dialogar com a academia, mas sim de uma reflexão que é também um convite à prática dos círculos de leitura. Desejo que, ao fim da leitura, o professor ou o leitor que se interessou pelo título se sinta estimulado a montar um círculo de leitura, seja na sala de aula, na escola, na sua família, com os amigos mais próximos, com o pessoal do escritório, com os vizinhos do prédio para alternar com as reuniões do condomínio, com os colegas de ginástica e com qualquer outra forma que possibilite o compartilhamento da literatura, a construção de comunidades de leitores.

A ESTRUTURA

A organização do livro procura seguir o conhecido padrão da pirâmide invertida em um recorte apenas espacial, ou seja, partimos dos aspectos mais gerais da literatura e da leitura hoje para chegar às questões mais específicas dos círculos de leitura.

No primeiro capítulo, que é também uma espécie de introdução, é apresentada uma concepção de literatura mais ampla do que aquela que comumente aparece nos livros escolares, centrada na palavra e não no impresso. Nos segundo e terceiro capítulos, são localizados os elementos e os objetos da leitura para identificar o lugar do letramento literário enquanto prática de leitura. O quarto capítulo é uma proposta de sistematização dos modos de leitura da literatura que estão culturalmente disponíveis para as comunidades de leitores. O quinto capítulo relaciona práticas de leitura literária que são relevantes tanto para o letramento literário quanto para os círculos de leitura. Nos sexto e sétimo capítulos, discute-se teoricamente, com exemplos e propostas bem concretas, o funcionamento dos vários tipos de círculos de leitura. Todos esses capítulos são entremeados por uma preocupação de que essas questões sejam relevantes tanto para o professor que se preocupa com a formação do leitor, quanto para um leitor maduro que deseja apenas conhecer e praticar a leitura literária de maneira mais consciente.

Cada capítulo é acompanhado de uma fábula, que nomeio assim não pelo gênero, mas pelo seu caráter ficcional, imaginado. São histórias que costumo contar em minhas palestras. Elas não têm a pretensão de ser relatos artísticos. Trata-se simplesmente de um recurso didático para ajudar a reflexão sobre o que foi apresentado. A presença delas aqui se deve a uma observação feita por uma colega que, depois de participar generosamente de um seminário comigo, comentou: "a história final me ajudou a entender melhor o que você quis dizer durante a palestra". Espero que tenham o mesmo efeito agora que foram transpostas para o papel.

O AGRADECIMENTO

Escrevi este livro como parte de um diálogo que busco manter com os leitores de letramento literário: teoria e prática. Os e-mails recebidos, os comentários nas resenhas, as citações nos textos acadêmicos, as discussões em sala de aula e as perguntas feitas nos colóquios e nos seminários foram fonte das reflexões que decidi colocar no papel e que tomaram a forma deste livro. Agradeço, portanto, a todos esses leitores a oportunidade de continuar nossa conversa. Em especial, gostaria de agradecer aos professores de literatura da Universidade de Caxias do Sul com quem discuti mais de perto algumas dessas ideias em dois seminários. Também agradeço as discussões e o suporte fraterno dos colegas do Grupo de Letramento Literário do Centro de Alfabetização e Leitura da Universidade Federal de Minas Gerais (UFMG), em especial as colegas Graça Paulino, Aracy Martins e Celia Belmiro, parceiras de longa data. Na discussão das propostas e na elaboração do texto muito me ajudou a leitura atenta de duas amigas incansáveis em seu apoio ao projeto: as professoras Nívia Simone Lira Eslabão e Ana Cláudia Fidelis, de cujos conhecimentos teóricos e invejáveis experiências de sala de aula no ensino básico me apropriei com a devida autorização. A responsabilidade de tudo o que segue impresso, porém, é apenas minha.

Boa leitura!

Belo Horizonte, abril em dia de chuva fina, 2013

A literatura em todo lugar

> A literatura, a cultura e a arte não são um suplemento para a alma, uma futilidade ou um monumento pomposo, mas algo que nos apropriamos, que furtamos e que deveria estar à disposição de todos, desde a mais jovem idade e ao longo do caminho, para que possam servir-se dela quando quiserem, a fim de discernir o que não viam antes, dar sentido a suas vidas, simbolizar suas experiências (Petit, 2010: 289).

A LITERATURA EM PARTE ALGUMA

Que a literatura faz parte das comunidades humanas desde tempos imemoriais são testemunhos os mitos cosmogônicos. As histórias que relatavam como surgiu o mundo, como nasceu o primeiro homem e como ele recebeu o castigo da morte ofereciam identidade grupal, assinalavam normas comportamentais, garantiam transcendência e, acima de tudo, davam um sentido à vida. Essas múltiplas funções dos mitos e de outros relatos exemplares serviram de base para a expansão da literatura em diversas manifestações, gerando uma pletora de gêneros inicialmente orais, depois escritos, como as gestas, as adivinhas, as lendas, as canções, os ditados, as sagas, as anedotas, as epopeias, as tragédias, as comédias, os contos, os provérbios e outros tantos modos de usar a palavra para ser apenas palavra antes ou depois de ser mundo – o uso que faz essa palavra se tornar literária.

Atualmente, porém, a literatura parece não ter mais lugar no cotidiano das pessoas. Segundo os resultados da pesquisa Retratos da Leitura no Brasil, de 2012, os brasileiros leem em média quatro livros por ano em contraste com 4,7 em pesquisa semelhante realizada em 2007. Computados os livros por inteiro, o número de livros cai para 2,1. A razão maior para essa diminuição do espaço ocupado pelo livro na vida das pessoas é a falta de tempo, que, como se sabe, é uma forma gentil de indicar desinteresse pela atividade. Aliás, o desinteresse atinge 78% das pessoas que declaram estar lendo menos do que no passado. Quando leem, fazem isso mais pela necessidade de se atualizarem culturalmente do que por prazer. A leitura não é uma forma comum de lazer. Ao contrário, ela está bem abaixo da televisão, campeã absoluta da preferência nacional, com 85% da população, seguida pela escuta de música ou rádio, com 52%. Ler como diversão é a atividade preferida de apenas 28% da população, sendo que deste número somente pouco mais da metade afirma ler com frequência.

Se os brasileiros leem pouco, leem menos ainda literatura. Parte dos livros lidos são obras didáticas, consoante o perfil de aluno da maioria dos leitores, e o livro mais lido é a Bíblia. Quando leem literatura, o texto selecionado é o *best-seller* do momento, seguido pela leitura indicada pela escola, como se supõe pela presença de obras canônicas e de literatura infantil na lista dos preferidos. Aliás, não é sem razão que o professor é o principal mediador da leitura, ainda que os livros indicados pela escola sejam majoritariamente didáticos. Para completar, quando vai à biblioteca, o leitor o faz basicamente para estudar e apenas 17% da população vê esse espaço como um lugar onde se pode tomar emprestado livros de literatura.

Esses dados só confirmam o que se pode observar facilmente no comportamento dos jovens em qualquer grande centro urbano. Eternamente plugados pelos fones de ouvido, trocando incessantemente mensagens nas redes sociais, jogando on-line em sites especializados ou entretidos no videogames, navegando de muitas formas na web, os jovens não parecem ter tempo nem concentração para a leitura de livros impressos – um hábito que se apresenta aparentemente contrário ao modo dispersivo e irrequieto com que se relacionam com os demais produtos e manifestações culturais contemporâneas.

Se esse quadro tem muito de desolador para quem trabalha com a literatura e acredita que ela é fundamental para a condição humana, a situação do ensino de literatura na escola não deixa dúvidas quanto ao que se pode esperar da formação do leitor literário ou mais precisamente da ausência de formação do leitor literário. Nesse sentido, tratando do lugar da literatura na escola e da configuração do livro didático ao longo da história, Regina Zilberman (2003), em um texto do qual tomamos emprestado o título deste tópico, faz duas constatações. A primeira é de que a leitura dos fragmentos de textos literários presentes no livro didático não forma o leitor do livro, que é onde materialmente se apresenta a literatura, ou seja, a obra literária na sua integridade, representada pelo livro, fica para depois ou fora dos limites da escola. A segunda é de que as novas teorias de leitura parecem dispensar o texto literário como um objetivo ou fim a ser atingido como fora no passado. Resulta daí que "se antes – [...] – a literatura ficava no fim ou de fora, agora ela não está em **parte alguma**" (Zilberman, 2003: 265, grifo nosso).

O desaparecimento ou mais precisamente o estreitamento do espaço da literatura na escola pode ser comprovado por vários indícios (Cosson, 2002). Um deles são os próprios livros didáticos que, se antes continham fragmentos de textos literários, hoje são constituídos por textos os mais diversos. As antologias dos livros didáticos de Língua Portuguesa, espaço tradicionalmente destinado à literatura na escola, são agora fragmentos recortados, adaptados ou condensados de gêneros, modalidades, contextos culturais e temas que passam ao largo da literatura. No melhor dos casos, os textos literários se perdem entre receitas culinárias, regulamentos, roteiros de viagem, fôlderes publicitários, bulas de remédio e textos jornalísticos que são esmagadora maioria. Essa nova organização do livro didático está de acordo com as teorias mais recentes do ensino de língua, as quais pressupõem que o leitor competente é formado por meio do contato com textos de uso social variado. Além disso, tendem a considerar que o texto literário, por seu caráter artístico, não apresenta a regularidade necessária para servir de modelo ou exemplo para o ensino da escrita, logo devendo ceder lugar a outros tipos de texto que apresentem tais características.

Outro indício é a recusa da leitura das obras clássicas ou do cânone por conta das dificuldades impostas aos alunos por textos com vocabulário, sintaxe, temas e padrões narrativos complexos ou distantes de seus interesses imediatos. Para os jovens, a justificativa de que são obras de grande valor cultural não é um argumento suficiente para levá-los à leitura efetiva desses textos. Daí que recorram às adaptações cinematográficas ou, mais pragmaticamente, ao resumo disponível na internet para cumprir as exigências escolares. Sem recursos metodológicos adequados para enfrentar o impacto da distância, o professor de literatura adota, usualmente, duas posições conflitantes. Por um lado, ainda que defenda o valor das obras canônicas como capital cultural, termina por diminuir-lhes o espaço em favor de obras mais atraentes para os alunos, tais como os *best-sellers* do momento, sob o argumento de que pelo menos assim eles leem. Por outro, recusando as pressões dos alunos e das coordenações pedagógicas, insiste cegamente na leitura dos textos clássicos, tratando a obra literária como conteúdo de aprendizagem semelhante a outras disciplinas, não faltando a prova, o resumo e outras formas de forçar a leitura e, assim, introjetar no aluno uma imagem desabonadora da literatura. Para completar, corrobora ainda nessa recusa a delicada questão do caráter político do cânone e a representação inadequada de minorias para os parâmetros atuais. Como é de se esperar de obras escritas em uma diferente e anterior ordem social, elas trazem marcas de racismo, sexismo e outros preconceitos do passado. Ao professor cabe o dilema de recomendá-las para leitura, correndo o risco de transformar a aula em uma contenda política, ou simplesmente silenciar sobre a existência delas, preferindo textos contemporâneos e menos polêmicos como material de leitura.

Outro índice relevante é a compreensão de que o ensino da literatura ocupa um lugar indevido na escola porque se trata tão somente de uma manifestação cultural entre outras. Sob o argumento da democratização da cultura ou da valorização da diversidade cultural contemporânea, defende-se que as obras literárias representadas pelos livros cedam lugar aos filmes, shows, vídeos, programas televisivos e tudo o mais que compõe, como já vimos, o cenário atual da vida dos jovens. Para os defensores de tal perspectiva, a centralidade da literatura na escola fazia sentido no passado quando ela era veículo preferencial da cultura, mas manter essa situação hoje seria um caso de anacronismo porque o texto literário já não é relevante na formação cultural dos jovens, nem mesmo na aprendizagem da escrita, funcionando mais como um verniz cultural, logo perfeitamente dispensável.

No conjunto, esses e outros índices do apagamento da literatura na escola remetem para o fim de uma tradição escolar que pode ser remontada aos gregos. Tal tradição consistia no uso pedagógico da literatura como meio e fim de um processo educativo, no qual, em um primeiro momento, os textos literários serviam de instrumento de acesso ao mundo da escrita, depois passavam a ser objeto de conhecimento da cultura, fazendo do lugar da literatura na escola "o mesmo do ensino da leitura e da escrita e da formação cultural do aluno" (Cosson, 2010: 56). Ao longo dessa tradição, a aliança entre escola e literatura era de mútuo benefício. À escola cabia preservar e transmitir os textos considerados relevantes, que hoje denominamos cânones, por meio do ensino sistemático, assim como formar leitores competentes para consumi-los. À literatura tocava oferecer textos funcionais para os leitores aprendizes e textos culturalmente complexos para os leitores formados.

Todavia, essa associação, que passou do ensino das línguas clássicas para o ensino da língua materna, não conseguiu resistir à passagem do tempo e adaptar-se às mudanças de ordem social, pedagógica e teórica ocorridas tanto na escola e no alunado quanto no campo de conhecimento da literatura. Transformou-se, no melhor dos casos, em um pálido reflexo do que havia sido no passado e, no pior deles, uma caricatura, na qual a leitura dos textos literários é substituída por listas de autores e características de estilo de época. Não surpreende, portanto, que professores e alunos recusem esse modelo de ensino de literatura ou que a escola tenha dificuldade em subscrevê-lo como uma prática significativa para o letramento literário do aluno.

O resultado de tudo isso é o estreitamento do espaço da literatura na escola e, consequentemente, nas práticas leitoras das crianças e dos jovens. No campo do saber literário, o efeito de tal estreitamento pode ser potencialmente ainda mais desastroso porque a escola é a instituição responsável não apenas pela manuten-ção e disseminação de obras consideradas canônicas, mas também de protocolos de leituras que são próprios da literatura. Se a presença da literatura é apagada da escola, se o texto literário não tem mais lugar na sala de aula, desaparecerá também o espaço da literatura como lócus de conhecimento.

A LITERATURA EM QUALQUER LUGAR

A percepção de desaparecimento ou deslocamento da literatura talvez se deva ao modo como a associamos à escrita e ao livro. Se recuperarmos o sentido da literatura como palavra *qua* palavra, independentemente de seu registro ou veí-culo de transmissão, a situação pode ser bem diferente. É essa a concepção básica de quem argumenta que o que está em processo de obsolescência são as formas que a tradição conhece e valoriza como literárias, um fenômeno mais geral, que se relaciona ao declínio ou reposicionamento do livro no universo cultural. Dessa forma, longe de ter diminuído o seu espaço social, a literatura estaria em nossos dias experimentando uma nova forma de alargamento ao ser difundida em diferentes formatos e veículos, usualmente em composição com outra manifestação artística.

Nessa perspectiva, um dos mais bem-sucedidos avatares da literatura é a can-ção popular em suas várias versões rítmicas. Não se trata aqui de simplesmente conferir a certos setores da indústria musical – a Música Popular Brasileira, por exemplo – uma qualidade superior que pode ser assimilada ao discurso da poesia escrita ou mesmo o apagamento do elemento musical em favor da leitura da letra como poesia. Nem de que a poesia teria migrado para a música, quer porque já não encontra espaço no mercado editorial, quer porque retoma um relacionamento antigo, a exemplo das cantigas medievais, ainda que tais leituras possam ser incluídas nesse argumento. A canção popular é uma manifestação literária por si mesma porque emprega a palavra de modo literário, independentemente ou apesar do evidente parentesco que a letra tem com a poesia. Trata-se de uma forma distinta de fazer literatura que incorpora formas anteriores em um processo de transformação cultural, mas que não deve ser reduzida a elas.

Por isso, uma leitura da canção popular como parte da literatura não deve, em primeiro lugar, recortar a letra da música que a acompanha, sob o risco de se perder a integridade do objeto da leitura. Depois, a qualidade estética da canção popular não pode simplesmente ser copiada da poesia numa transposição que ignora a história e o contexto de produção de uma e de outra, ainda que se possa aproveitar a linguagem da crítica literária para o estudo de ambas. Para fazer uma leitura pertinente da canção popular como literatura, é preciso desenvolver uma escala de valores própria dessa manifestação, abarcado a multiplicidade de seus gêneros, estilos e temáticas. Por fim, é preciso não esquecer que a canção popular participa da literatura, mas também participa da música, o que significa dizer, por um lado, que letra e som compõem um todo que não pode ser dissociado, e, por outro, que essa é uma manifestação literária híbrida, mas não menos literária por causa disso.

Do mesmo modo que a canção popular, o filme é outro avatar da literatura que precisa ser mais bem compreendido enquanto parte do discurso literário. Aparentemente, a parte literária do filme encontra-se no roteiro que orienta o desenvolvimento da narrativa e elabora as falas das personagens. Tal percepção é alimentada pelo interesse que os roteiros de filmes têm despertado nos leitores, como demonstra a publicação deles tal como se faz com um romance ou outro tipo de texto qualquer, até a inclusão do roteiro como um dos gêneros possíveis de concurso literário patrocinado pelo Ministério da Educação (MEC, 2005).

Todavia, o roteiro não é o filme, apenas uma parte dele, assim como são a fotografia, a montagem, o figurino, a música, a atuação dos atores, entre outros tantos elementos que compõem a obra filme. Elementos que precisam ser harmonizados em um todo coerente para chegar a ser o filme que é. Por isso, o filme é uma criação coletiva que leva a assinatura final do diretor como seu autor. Supor que o aspecto literário do filme é simplesmente o enredo significa pensar o filme sem o trabalho do diretor, o que é obviamente um equívoco. Isso porque o que se vê projetado na tela não é o enredo acoplado a imagens, mas sim uma interpretação orquestrada pelo diretor desse enredo.

O literário do filme é, portanto, essa interpretação feita com base no roteiro, mas que não se reduz a ele, antes compõe um todo junto com outros elementos, daí receber a denominação de filme. Essa condição literária do filme fica mais clara quando ocorre a transposição de um romance para as telas. Assim, é frequente a decepção do leitor do romance com o filme, normalmente sob a acusação de que o diretor não foi fiel ao texto original. Os defensores do filme costumam argumentar que a exigência de fidelidade é um absurdo porque se trata de outro meio, logo a impossibilidade de um reproduzir literal e totalmente o outro. No meio da contenda, o que acusadores e defensores não parecem perceber é que o filme é uma interpretação do texto escrito e a infidelidade, se é que existe tal coisa, não é ao romance, mas sim à interpretação que o leitor fez do romance quando o leu. É essa recriação feita a partir da palavra do enredo, pouco importando se antes foi um romance ou se trata de criação original, que faz o filme participar da literatura.

As histórias em quadrinhos (HQS), outro avatar da literatura, foram por muito tempo associadas restritivamente à leitura infantil ou às tiras do jornal. Mais recentemente, com a ampliação de seus gêneros, como os mangás e os *graphic novels*, e de seus leitores, atingindo adolescentes e adultos, tiveram seu estatuto modificado. As HQS são agora reconhecidas como narrativas que, recorrendo aos mais variados recursos imagéticos e textuais em quadros e balões de fala, podem alcançar elevado valor artístico. O caráter literário das HQS, no entanto, não provém da sofisticação da sua temática, nem mesmo da sua linguagem, como se poderia supor pelas publicações endereçadas preferencialmente ao público adulto, com capa dura, impressão em cores e papel de boa qualidade, mas sim da conjunção indissociável entre palavra e imagem que, reunidas nos quadros, compõem a narrativa ficcional. Dizendo de outra maneira, as HQS são literatura porque usam a palavra da mesma maneira que as narrativas dos romances e contos sem imagem o fazem. Tal reconhecimento não implica, obviamente, conceder às HQS um valor estético ou artístico automaticamente garantido pela chancela do termo literário. Trata-se apenas de reconhecer que são obras da palavra literária, da palavra usada como literária. Dessa forma, assim como há romances de muitas formas e categorias, também as HQS, em sua diversidade de formas, leitores preferenciais, temáticas e gêneros, podem ter maior ou menor valor estético enquanto narrativas literárias. A aproximação da linguagem visual com os artifícios de representação do cinema e da linguagem verbal com os recursos narrativos de um romance ou conto podem até ser usados, como, aliás, se faz na leitura de certos textos, para indicar o nível de elaboração de uma HQ, mas é a sua condição de narrativa ficcional simultaneamente verbal e visual que a faz literária.

O mais recente desses avatares é a chamada literatura eletrônica compreendendo obras que se valem dos recursos digitais para compor textos nos quais a escrita se mistura a imagens e sons numa convergência de mídias. Neste caso, contam tanto a transposição de uma obra conhecida para o meio digital com exploração de recursos midiáticos quanto os textos que são compostos já seguindo a lógica e a multiplicidade de recursos do meio digital. Nessa nova literatura, as marcas mais evidentes são o fragmento ou a fragmentação tal como possibilitada pelo hipertexto; a interação, que aproxima o texto literário do jogo e da criação conjunta, apagando ou tornando menos nítidas as posições de leitor e autor; a construção textual em camadas superpostas e multimodais, como resultado da exploração dos muitos recursos disponibilizados pelo meio digital. Para seus entusiastas, a literatura eletrônica é bem mais do que uma nova forma de fazer literatura. Muito mais que isso, trata-se de obras constitutivamente híbridas em um novo campo de expressão – o campo digital – que "testam os limites do literário e desafiam-nos a repensar nossos pressupostos do que a literatura pode fazer e ser" (Hayles, 2009: 22). Para os céticos, entretanto, trata-se de um caminho que apenas começa a ser seguido, com obras que se situam mais no campo das idealizações do que das efetivações, constituindo o que poderia ser pensado como uma literatura do futuro (Rettenmaier, 2007).

Para além da literatura eletrônica, das histórias em quadrinhos e dos filmes, há outras narrativas que, combinando imagens, sons e palavras (escrita e falada), também participam em diferentes graus e maneiras da literatura. É o caso das séries televisivas, das telenovelas, dos jogos eletrônicos, das propagandas, das vidas celebrizadas nos jornais e revistas populares. Obras coletivas sobre vários aspectos – e, por isso mesmo, mais complexas e difíceis de serem abordadas –, elas são exemplos claros de como a literatura se espraiou pela cultura, acompanhando a miríade de formas da comunicação e manifestações culturais contemporâneas. O fenômeno é tão comum que já não conviria identificar determinada obra como literária, antes se deveria buscar verificar como a literatura atravessa as várias manifestações que transitam pelo seu espaço discursivo. Tal postura está mais de acordo com a própria forma de existência das obras que se entrecruzam e se reconstroem sem limites outros que o meio e sem um centro único que as defina como singulares. Um cenário de jogo de computador pode dar origem a um filme que levará a um romance cujos personagens serão aproveitados em uma série televisiva e o tema servirá de inspiração para uma canção popular. Uma história em quadrinhos pode levar a uma série televisiva que dará origem a um musical e as canções poderão ser ouvidas fora do seu contexto original como peças independentes. Um romance pode ser transposto para o cinema, o cenário aproveitado para um jogo de Role-playing Game (RPG) e as falas de alguns personagens transformadas em aforismos impressos em camisetas ou retomadas nos cadernos escolares das adolescentes juntamente com os fotogramas do filme, podendo ainda as personagens receber uma existência alternativa nos fanzines da internet.

São tantas e tão variadas as possibilidades que já não se pode usar a palavra adaptação livremente nessas absorções e reabsorções que envolvem a exploração comercial e artística de um filão temático. Não tem relevância marcar uma origem, uma fonte para a obra, o que importa agora é verificar como ela, a partir dos recursos que são próprios do meio, consegue se presentificar esteticamente, valendo por essa presentificação e não pelos laços que possa manter com outras obras da cadeia temática da qual faz parte. Um romance pouco elaborado pode servir de base para um filme de alta complexidade e uma série televisiva instigante pode redundar em um filme medíocre ou em um romance mal estruturado.

O trânsito de uma obra a outra, a passagem de um veículo a outro, acontece justamente porque o terreno em que eles se movem é comum: o espaço literário. Com isso, ao surpreender o literário em outras formas e veículos, não se busca mais levar determinado objeto à categoria de literário por sua qualidade estética ou artística, mas sim ver como a palavra feita literária participa daquele objeto, ou seja, essas manifestações e produtos culturais são literários não simplesmente porque assumem as funções anteriores de proporcionar ficção, entretenimento ou qualquer outra função atribuída aos livros literários no passado, ou ainda porque atingiram tal maturidade que precisam ser enobrecidos com o rótulo de literários – essa seria a parte mais fraca do argumento –, mas sim porque é assim que a literatura se apresenta atualmente/se configura em nossos dias. Tem razão, portanto, Graça Paulino (2011), que, após indagar onde está a literatura em meio à pluralidade dos textos, solicita, não sem ironia, que "quem souber onde está a verdadeira literatura, por favor, avise a nós, jogadores por preferência e profissão. Aliás, avise não. Queremos continuar como o poeta, numa estrada de Minas pedregosa, seguindo vagaroso de mãos pensas, desdenhando colher a coisa ofertada".

A LITERATURA EM OUTRO LUGAR

Para além ou aquém dos avatares, há também o argumento de que a literatura permanece tal como se reconhece tradicionalmente, porém em outros suportes que não o livro. Em uma perspectiva conservadora, as evidências dessa permanência podem ser encontradas nas "adaptações" de textos literários para o cinema, para a televisão e para as HQs, quando se mantém os diálogos do texto escrito original e os trechos narrativos e descritivos são divididos entre imagem e voz do narrador.

O exemplo paradigmático dessa visão é o poema musicado em que simplesmente se acrescenta uma melodia ao texto poético. Então, quanto mais se preserva o texto original escrito, mais se mantém a literariedade, por isso talvez o mais adequado seja falar de transposição em lugar de adaptação para tais obras. Observe-se que, diferentemente das possibilidades anteriores, não se trata de incorporar uma nova manifestação cultural porque ela se assemelha aos textos literários ou tem origem em obras escritas ou se apropria do discurso literário, mas sim porque é a obra mesma apenas veiculada de outra maneira.

Em uma visão mais ampla, a internet, em sua miríade de formas e facilidades, parece ser um verdadeiro oásis para a literatura e as limitações impostas pela obra impressa, como nas bibliotecas virtuais, com suas vastas coleções de obras nacionais ou estrangeiras em domínio público. Os *e-books* comercializados ao lado de obras de papel e tinta nos sítios das editoras, das livrarias e dos sebos virtuais constituem outra forma de acesso facilitado ao texto literário na internet. Mas há mais, muito mais.

O leitor interessado pode percorrer portais nos quais há páginas dedicadas a determinados autores e suas obras e páginas pessoais de autores vivos, jornais de poesias e revistas de contos que reúnem textos de autores consagrados com autores iniciantes. Também pode encontrar sítios dedicados a uma única obra com suas várias versões ou traduções para a mesma língua ou diferentes idiomas. Há os blogs com transcrições de poemas ou que servem de vitrines para autores e experimentações de todos os gêneros e estilos que não passaram ou passarão pelo impresso. Há, ainda, as listas de discussões e as comunidades criadas especialmente para homenagear um autor, uma obra, um estilo literário. Até os e-mails com suas correntes de poemas ilustrados em *slides* servem de veículo para a literatura numa lista que se desdobra conforme as possibilidades e o tamanho do mundo virtual.

Alternativamente, a literatura permanece enquanto fonte ou referência, que seria outra forma possível de existência em uma sociedade que já não dispõe de tempo para a leitura contemplativa ou privilegia a visualidade e o movimento como traços preferenciais das manifestações culturais. Neste caso, os textos literários perdem a sua integridade e passam a circular na forma de fragmentos em citações ou referências, tal como se observa, por exemplo, com o latim no discurso jurídico.

Diferentemente de uma língua sem falantes nativos, todavia, as obras continuam sendo lidas e produzidas, o que muda é seu acesso e modo de circulação social. A leitura da obra completa, quer do passado, quer do presente, passa a ser restrita, localizada em nichos espaciais e temporais. É o que ocorre com a literatura infantil nos primeiros anos escolares e com a literatura canônica e clássica nos cursos de Letras. O mesmo acontece com a literatura contemporânea no círculo dos críticos culturais e no lazer de uma elite intelectual, que guarda na leitura desse tipo de texto escrito uma de suas marcas de distinção.

Para a maioria dos leitores, ressalvado o sucesso breve e extemporâneo de uma obra adaptada para o cinema ou a televisão e as tiragens dos *best-sellers* e obras populares que não entram na lista da literatura com maiúscula e sem adjetivo, resta o fragmento em suas diversas formas e modalidades. Pode ser a prestigiada epígrafe em um estudo universitário de grau. Pode ser a fala de uma personagem em um filme. Pode ser a citação direta em uma propaganda e a cena que reproduz o trecho de uma narrativa em uma telenovela. Pode ser a enciclopédia encontrada nos sítios de aforismos e pensamentos da internet a que se recorre para escrever uma mensagem de fim de ano ou simplesmente postar na rede social palavras que definem o momento. Pode ser a frase de abertura do perfil no sítio de relacionamento e o verso nas camisetas e cadernos dos adolescentes. No seu limite, o fragmento deixa de ser fisicamente identificável por estar escrito em algum lugar para ser apenas um contexto ou dados obtidos a partir de indicações de outras pessoas ou textos, permitindo que qualquer um comente as obras que nunca leu (Bayard, 2007).

Mais radicalmente, as obras literárias escritas continuam a ser lidas pelos jovens, mas com propósitos bem distintos daqueles esperados pela escola e valorizados culturalmente. Um exemplo revelador é o sucesso de certas obras clássicas como a *Divina comédia*, de Dante Alighieri, ou *O Conde de Monte Cristo*, de Alexandre Dumas, ou, ainda, os romances de cavalaria, como *Amadis de Gaula* e as muitas versões da legenda do Rei Artur, entre os jogadores dos jogos de personificação ou RPG,[1] como são mais conhecidos. Esses jogadores conhecem a fundo essas obras, a ponto de enumerar detalhes que mesmo um crítico literário teria dificuldade de guardar na memória. Tal conhecimento, entretanto, é essencialmente instrumental, ou seja, não vem do prazer de ler, da identificação com personagens e situações narradas, do reconhecimento do seu valor estético e cultural ou qualquer outra razão comumente associada à leitura literária. Para os jogadores de RPG, o texto literário, clássico ou não, serve apenas como um manual ou uma espécie de catálogo de onde são extraídas informações relevantes para compor uma personagem, um cenário e uma ação.

Dessa forma, curiosamente, pode-se dizer que a literatura está muito presente na vida desses jovens, mas não na leitura das obras literárias, como se poderia supor pelo interesse e conhecimento que manifestam a respeito de textos canônicos e outras formas de ficção, mas sim no apagamento que promovem entre o ler e o criar o texto literário. Dizendo de outra maneira, a literatura faz parte da vida desses jovens porque eles a produzem no ato da simulação, aparentemente vivenciando a narrativa ficcional de um modo muito mais intenso do que aquela tradicionalmente atribuída à leitura solitária de um romance. É como se levassem ao extremo a velha acusação de escapismo atribuído aos textos literários em geral, transformando-a num lazer consciente e controlado pelo mestre e pelos dados numa mesa de jogo; ou, ainda, que tomassem o conhecido *slogan* de que ler é uma viagem por outros mundos e o assumisse como atividade coletiva, dando a esse ler um caráter concreto e objetivo.

Outro lugar para a literatura entre os jovens é a incorporação praticamente literal de obras ou movimento literário a um estilo de vida, como acontece com os denominados góticos. Mais uma vez, a leitura das obras literárias, ainda que canônicas, passa ao largo de seus usos tradicionais e culturalmente sancionados quer pela escola, quer pela sociedade em geral. Vestidos de preto, com roupas que remetem ao século XIX em sua releitura do mundo medieval, maquiados para destacar os traços ou simular palidez, adotando trejeitos teatrais e falando constantemente da morte, os góticos estudam os romances e memorizam os poemas e as vidas dos poetas românticos porque é assim que se veem e desejam ser vistos.

Para eles, o romantismo, em seu medievalismo idealizado e egotismo byroniano, é muito mais do que um estilo literário. Trata-se de um modo de vida que tem origem no ultrarromantismo e continua alimentado por obras contemporâneas, como acontece com os romances de Anne Rice, que exploram o mito do vampiro, e filmes como *Edward, mãos de tesoura*, de Tim Burton, que tratam do desajustamento do indivíduo em uma sociedade padronizada. O texto literário serve, assim, tanto para ser declamado em um sarau realizado no cemitério quanto como estilema definidor da identidade e comportamento social do indivíduo e do grupo – entre um e outro uso, a literatura deixa de ser uma manifestação cultural, entre outras, para ser, à semelhança de uma obra religiosa, uma fonte de ordenamento e sentido para o viver.

A LITERATURA EM TODO LUGAR

Nesse debate sobre a circulação e permanência da literatura na escola e na sociedade em geral, suas múltiplas configurações e diferentes formas de sua apropriação, o ponto fulcral é o conceito de literatura. Se tomarmos a literatura como um conjunto de obras exemplares ou significativas para uma determinada comunidade, então é legítimo falar de sumiço ou estreitamento, pois a escola é a instituição que garante o conhecimento comum dessas obras, o que efetivamente não está acontecendo tal como demonstram os defensores do ensino da literatura. Assim como também é inteiramente adequado buscar entender como ela permanece em outros espaços, como é o caso da internet. Se pensarmos que a literatura é o uso da palavra para criar mundos ou um sentimento de mundo, correspondendo a um uso específico da palavra, valem as transformações em novas manifestações, como o cinema, a canção popular e as HQs, e os novos usos, como dados pelos jovens que se apossam da literatura para outros fins. Aparentemente contrárias, essas duas perspectivas a respeito do literário comungam uma mesma posição. Para ambas, a literatura é essencialmente um produto, como um livro ou um filme, um arquivo ou uma fala, um jogo narrativo ou um modo de viver. Algo que é possível identificar com base em traços característicos, formatos específicos ou elementos reconhecidos pela sua origem ou tradição literária.

No entanto, ainda que plural como vimos, essa não é a única forma de se conceber o literário. Itamar Even-Zohar, que já nos ajuda a entender que a literatura vai muito além do cânone com sua teoria dos polissistemas (1990), também pode contribuir para uma outra maneira de compreender os modos de existência da literatura. No estudo que faz sobre cultura, *Papers in Culture Research* (2010), ele distingue dois conceitos de cultura: cultura-como-bens e cultura-como-instrumento. Enquanto bem, a cultura é um conjunto de artigos cujo traço identificador é ser avaliável e valorado, a maioria das vezes como signo de status e prestígio, não raro havendo instituições responsáveis para determinar e assegurar essa posição. Esse bem valioso, que pode ser um objeto, uma ideia, uma atividade ou um artefato qualquer, não tem fronteira fixa, podendo variar no tempo ou no espaço, conforme as transformações da sociedade da qual eles fazem parte. Um objeto de posse restrita e altamente valioso no passado pode se tornar comum no presente e assim perder a sua força distintiva e seu valor como sinal de status superior para quem o possuía. A cultura-como-bem também não é necessariamente tangível, ou seja, não precisa se configurar como um artefato. Pode ser tanto um objeto quanto um procedimento desde que possa ser reconhecido e avaliado. O detentor do bem acumula riqueza, quer física, quer simbólica, recebendo, além da distinção, o poder de definir seu valor. É assim, por exemplo, que são construídos os patrimônios e as heranças culturais de uma comunidade, sobretudo em termos artísticos, como se observa em relação ao poder sagrador do museu para as obras do presente graças ao acervo que possui de obras do passado.

Já a cultura-como-instrumento tem a cultura como conjunto de ferramentas que organizam o viver individual e social. Essas ferramentas, segundo Even-Zohar, podem ser ativas ou passivas. As passivas são aquelas com as quais damos sentido ao mundo e a nós mesmos no mundo. As ativas são aquelas com as quais agimos sobre o mundo. Naturalmente, precisamos primeiro entender o mundo para depois atuar sobre ele, por isso o uso passivo precede o ativo de um instrumento. Do mesmo modo, é preciso ter claro que essas ferramentas constituem um repertório, ou seja, um conjunto de componentes relacionados e combinados entre si para constituir um todo significativo.

Não é difícil perceber que a concepção de literatura como produto – que está na base da maioria das discussões sobre sua permanência e circulação social – equivale à de cultura-como-bem. Assim como é possível assimilar facilmente à prática da literatura, ou seja, às muitas maneiras de ler e se apropriar do literário a cultura-como-instrumento. Nesse caso, o mais relevante não é o conjunto das obras ou as suas funções sociais, mas sim o uso que se faz desse conjunto. Dessa forma, como bem exemplifica Even-Zohar, a literatura deve ser vista como uma atividade que produz textos, mas também *produtores* que usam esses textos para criar novos *produtos* e novas formas de fazer literatura; um *mercado* para esses textos; *instituições* que guardam, estabelecem o valor e divulgam esses textos; *consumidores* que reconhecem os textos como tais; e um *repertório* que alimenta a todos com palavras, imagens e modos de viver e interpretar o mundo e o vivido.

É a essa condição de repertório da literatura que este livro se reporta em sua essência. Mais diretamente, ele se insere na proposição de uma das diversas maneiras como esse repertório é construído, transformado, negociado e mantido individual e socialmente por meio do que denominamos de letramento literário, ou seja, "o processo de apropriação da literatura enquanto construção literária de sentidos" (Paulino e Cosson, 2009: 67).

Interessa acentuar que, ao tomar o letramento literário como processo, estamos tratando de um fenômeno dinâmico, que não se encerra em um saber ou prática delimitada a um momento específico. Por ser apropriação, permite que seja individualizado ao mesmo tempo em que demanda interação social, pois só podemos tornar próprio o que nos é alheio. Apropriação que não é apenas de um texto, qualquer que seja a sua configuração, mas sim de um modo singular de construir sentidos: o literário. Tal singularidade vem tanto de uma interação verbal única e intensa mediada pelo texto literário, uma vez que a literatura é essencialmente palavra, quanto da experiência de mundo que concentra e disponibiliza, pois não há limites temporais ou espaciais para um mundo feito de palavras – o exercício da liberdade que nos torna humanos. É por essa força libertária que a literatura sempre participou das comunidades humanas. É isso que faz com que a literatura esteja em todo lugar.

FÁBULA 1

A PALAVRA ENCANTADA

A notícia de uma princesa de extrema beleza e misteriosa tristeza atrai muitos jovens ao reino distante, todos ansiosos em desposá-la e dissipar sua melancolia. Os mais abastados e nobres conseguem ser recebidos no palácio porque trazem muitos presentes e a esperança de com eles conquistar o sorriso da princesa. Um pretendente traz consigo joias das mais preciosas. São anéis, colares, pulseiras, tiaras e brincos feitos com impressionante lavor, irresistíveis a qualquer olhar. A princesa os admira por alguns instantes, mas se cansa rapidamente do brilho do ouro e do cintilar das pedras. Outro expõe em uma mesa especialmente montada delicados frascos de perfumes. A princesa escolhe dois ou três daqueles frascos para experimentar, mas logo os abandona e se retira para seus aposentos enjoada dos aromas. Outro pretendente chega com malas onde guarda peles suntuosas e tecidos finíssimos, certo de que com eles atingirá a curiosidade da princesa, mas suas mãos entrelaçadas em gesto triste nem se aproximam da maciez e da delicadeza das tramas, recusando-se a tocá-las. Em um dos jantares, um pretendente faz servir pratos de sabores sofisticados, mas a princesa mal toca nos alimentos, preferindo comer na solidão de seu quarto. Disposto a sensibilizar a alma da princesa, outro, ainda, compõe e executa canções maviosas, mas ela se perde facilmente em seus pensamentos e nem percebe quando a música cessa de ser tocada.

E assim acontece com todos os pretendentes e seus presentes. Os mais felizes conseguem despertar algum interesse da princesa em um primeiro momento, mas não a impedem de se aborrecer e regressar para seus aposentos em um estado melancólico ainda mais grave do que antes. Cansado da romaria de tantos jovens e preocupado com a tristeza da filha, o rei decreta que quem conseguir manter o interesse da princesa por cinco dias se casará com ela. No entanto, se não conseguir, perderá todos os presentes e suas demais posses. A medida aquieta os pretendentes mais afoitos, mas a beleza e a melancolia da princesa continuam a rondar a cabeça dos jovens de todos os lugares.

Acontece que um jovem jardineiro avista a princesa enquanto ela passeia esquecida de si e do mundo entre canteiros que teimam em não florir como devem. Como é de se esperar em tal situação, o coração do jardineiro bate descompassado e ele sabe imediatamente que está perdido de amor. Sem nobreza, sem posses, sem chances de entrar no palácio como pretendente, ele deveria ter desistido de sonhar com a possibilidade, quanto mais de torná-la realidade. Mas como teima em cuidar de canteiros que não florescem, insiste em amar a princesa.

Depois de dias acabrunhado, com o corpo ocupado por ervas daninhas e a mente a entrelaçar pensamentos como cipós em uma floresta bem fechada, o jovem retorna à aldeia natal. De lá, após ter pedido e recebido ajuda de um ancião considerado homem sábio por idade e por conselhos dados, segue para a montanha mais alta em busca de uma caverna na qual mora uma lendária feiticeira. Durante a viagem nada lhe acontece. Caminha incansavelmente por três dias e três noites e quando chega à porta da caverna não precisa dizer nada, pois a velha feiticeira sabe de seu desejo em um simples olhar lançado sobre sua triste figura. Oferecer um presente que conquiste a atenção da princesa permanentemente não é fácil, mas não é impossível. Há, entretanto, um preço a pagar. Ela lhe entregaria um presente mágico, mas em troca ele deveria passar com ela a mesma quantidade de tempo que passaria com a princesa. A vida dividida em duas metades: uma dela, outra da princesa. O jardineiro não pestaneja na resposta. Afinal, de que vale uma vida inteira se não pode ser vivida pelo menos a metade dela?

Feliz com a decisão e confiante na solução encontrada, o jovem retorna ao palácio e se apresenta ao rei, pedindo a mão da princesa em casamento. A corte se horroriza com a ousadia. Não bastavam os nobres e seus presentes sem efeito, agora havia também o jardineiro sem flores a incomodar a infeliz princesa. O rei decide dar uma lição ao rapaz. Como ele não tem posse alguma, decreta que se falhar será condenado à morte. Nada mais justo, concorda prontamente o jardineiro.

No dia seguinte, tal como havia sido acertado durante o trato, o jovem, antes de ir ver a princesa, vai até a velha feiticeira para receber o presente. Ainda arrumando suas coisas no pequeno chalé escondido nos fundos do jardim do palácio, a feiticeira pergunta por que o jardineiro quer tanto casar com a princesa. Ele silencia por alguns minutos e responde que é por sua beleza extraordinária, mas que não tem palavras para descrevê-la. A feiticeira finge um sorriso maroto e oferece ao jovem um frasco com um líquido brilhoso. Trata-se de uma bebida mágica. Antes de falar com a princesa, ele deve tomar aquela bebida que contém uma palavra encantada, e por meio dela terá todas as palavras necessárias para falar da beleza. E assim ele faz. A princesa já havia ouvido muitos elogios por conta de sua beleza, mas nunca alguém havia falado com tanto sentimento e de maneira tão profunda. Assim, quando o rapaz se despede, ela quase sorri e pede para que ele volte no outro dia.

Ao amanhecer do segundo dia, o jovem está hesitante. Conseguiria manter o interesse da princesa só falando da sua beleza? Por mais encantada que fosse a palavra bebida, ela certamente se desinteressaria. No encontro com a feiticeira, revela suas dúvidas, receios e hesitação. A feiticeira sorri estreitando os lábios secos e oferece uma bebida um pouco mais forte. Dessa vez, a palavra encantada o faria falar de mundos distantes, dos quais certamente a princesa nem sequer teria ouvido falar. E assim ele faz. A princesa já havia ouvido muitas histórias sobre reinos e reinos de além-mar, mas nunca alguém lhe havia narrado histórias com tantos detalhes e de maneira tão profunda. Assim, quando o rapaz se despede, ela sorri só com os lábios e pede que ele volte no outro dia.

Ao nascer o sol do terceiro dia, o jovem está apreensivo. Conseguiria manter o interesse da princesa só contando histórias sobre lugares distantes? Por mais encantada que fosse a palavra bebida, ela certamente se desinteressaria. No encontro com a feiticeira, revela suas incertezas, medos e apreensão. A feiticeira abre a boca em um sorriso largo e oferece uma bebida escura e forte. Dessa vez, a palavra encantada o faria falar do passado glorioso dos reinos, do tempo que une e separa as vidas e as pessoas, da fina areia que guarda o destino na ampulheta. E assim ele faz. A princesa sabia de profecias e de histórias passadas, mas nunca alguém lhe havia falado do tempo com tamanho conhecimento e profundidade. Assim, quando o rapaz se despede, ela dá um sorriso sereno e pede que ele volte no outro dia.

Ao despontar do quarto dia, o jovem está angustiado. Conseguiria manter o interesse da princesa só falando do passado guardado nas dobras do tempo? Por mais encantada que fosse a palavra bebida, ela certamente se desinteressaria. No encontro com a feiticeira, já não sabe se deve continuar a lutar pelo amor da princesa ou simplesmente se entregar à merecida morte. A feiticeira dá uma gargalhada e oferece uma bebida ainda mais forte. Dessa vez, a palavra encantada o faria falar da fantasia, do maravilhoso e de toda a matéria da qual se fazem os sonhos. A princesa conhecia contos de fadas e histórias fantásticas, mas nunca alguém lhe havia falado com tanto engenho e tamanha leveza. Assim, quando o rapaz se despede, ela dá um sorriso sonoro e pede que ele volte no outro dia.

Ao surgir os primeiros clarões do quinto dia, o jovem estava dividido entre a esperança do sucesso e a dor do fracasso. Conseguiria manter o interesse da princesa só falando de sonhos e encantamentos? Por mais encantada que fosse a palavra bebida, ela certamente se desinteressaria. No encontro com a feiticeira, revela o seu conturbado estado de espírito. A feiticeira se dobra em uma risada infindável e oferece a bebida mais forte que possui. Dessa vez, a palavra encantada o faria falar dos sentimentos e, dentre eles, o amor. E assim ele faz. A princesa que ouvira mil e uma declarações apaixonadas reconheceu de imediato o teor da fala do jovem, mas nunca havia reconhecido naquelas palavras a tradução exata do que estava sentindo e vivendo ao ouvir o jardineiro. Assim, quando o rapaz termina de falar e ela repete uma a uma suas palavras e pede que ele não parta.

Jovens que se apaixonam por princesas somos nós, os leitores. As princesas são o mundo em tudo que ele nos promete se conseguirmos conquistá-lo. A feiticeira são os escritores que nos oferecem artifícios para conquistar o mundo. O presente da princesa é a literatura, a palavra encantada que suplanta os cinco sentidos e que nós, leitores, incorporamos a nós e ao mundo à medida que lemos – literatura que precisa ser alimentada pelos sentimentos, pelo desejo de dizer e ouvir o que não foi dito ainda, de expandir a compreensão e o tamanho do mundo.

NOTA

[1] O RPG é, como veremos mais tarde, basicamente uma narrativa *in progress*. O mestre é um narrador e os jogadores são as personagens que se movem em um cenário previamente definido. Normalmente, trata-se de uma narrativa de aventuras que pode ter como pano de fundo uma grande missão conforme as antigas novelas de cavalaria. Tal como Quixote, esses jovens buscam viver em um mundo feérico de deuses, heróis, fadas, monstros, feiticeiros e outros tantos seres fantásticos. Ao contrário do nobre e engenhoso cavaleiro de La Mancha, eles o fazem de maneira virtual, enquanto avatares em um jogo que lhes demanda um conhecimento extenso de lendas e narrativas míticas. Esse conhecimento vem dos livros de cenário, geralmente publicações em capa dura com várias ilustrações, nos quais são apresentados tanto os espaços e tempos da narrativa quanto uma gama de personagens e outras informações contextuais que ajudam o mestre e cada jogador a criar uma história para ser vivida durante o jogo. Mas não só. Um jogador habilidoso sabe que precisa ir além e, por isso, recorre a filmes, histórias em quadrinhos e até mesmo obras literárias consideradas canônicas.

A leitura e seus elementos

> Três homens encontram-se no meio dos destroços: um, como
> se hesitasse sobre qual livro escolher, está aparentemente lendo
> títulos nas lombadas; outro, de óculos, está pegando um volume;
> o terceiro está lendo, segurando um livro aberto nas mãos.
> Eles não estão dando as costas para a guerra, nem ignorando
> a destruição. Não estão escolhendo os livros em vez da vida lá
> fora. Estão tentando persistir contra as adversidades óbvias.
> Estão afirmando um direito comum de perguntar; estão tentando
> encontrar uma vez mais – entre as ruínas, no reconhecimento
> surpreendente que a leitura às vezes concede – uma compreensão
> (Manguel, 1997: 340-1).

O VALOR DA LEITURA

Em novembro de 2009, eclodiu em Brasília o escândalo de uma escola de idiomas que falsificava diplomas da Educação de Jovens e Adultos. O objetivo era permitir que estudantes entrassem na faculdade sem ter cursado o ensino médio (Medeiros e Goulart, 2009). Frente às manchetes dos jornais, autoridades foram chamadas a se pronunciar e as principais instituições de ensino superior da cidade encontraram entre seus alunos portadores dos diplomas falsificados. O curioso era que todos haviam sido aprovados em seleção de vestibular, com nível de concorrência nacional em algumas instituições, para cursos das mais diversas áreas, incluindo aquelas de alta demanda, como as engenharias. O caso teve grande impacto junto à população e foi tratado em várias esferas como resultado da falência ética dos jovens e dos pais, falta de vigilância do Estado e até mesmo inutilidade da formação média.

Passado o interesse imediato da mídia, o debate sobre as responsabilidades arrefeceu e uma questão incômoda veio à tona. Qual a explicação a ser dada para o fato de que os jovens que compraram os diplomas não apenas lograram aprovação no vestibular, como também faziam os cursos sem serem notados como deficitários por seus professores? Uma hipótese era de que as exigências de alguns cursos de graduação eram tão baixas que bastava ao aluno frequentar as aulas para ser aprovado ou que o conhecimento específico de certos cursos não tivesse relação com o ensino médio. Nesses dois casos, porém, a hipótese pecava por sua parcialidade, posto que havia alunos com diplomas falsificados em cursos com padrões altos de exigência e cursos que exigiam uma base anterior dada pelo nível médio. Para nós, uma hipótese mais satisfatória era de que esses jovens não chamavam a atenção porque o que mais se exigia deles na faculdade era que soubessem ler e, como sabiam ler, passavam despercebidos os anos "faltantes" do ensino médio.

Nossa explicação estava sustentada por duas evidências complementares. A primeira é que vivemos em um mundo bombardeado de informações. Não é preciso recorrer a dados estatísticos para perceber que as informações nos chegam a todo momento, de todo lugar, em um ritmo crescente. É a televisão com mais de uma centena de canais – filmes, shows, notícias e outros programas, tudo disponível 24 horas todos os dias. É o telefone celular e outros aparelhos móveis com seus mil e um dispositivos que fazem deles um instrumento multiuso de comunicação e informação. É o computador conectado à internet com o correio eletrônico, os blogs, as salas de bate-papo, os hipertextos, os vídeos, os portais e os sites que compõem uma biblioteca de babel mais labiríntica do que a imaginação de qualquer escritor. Tudo isso disponível e facilmente replicado, o que possibilita a disseminação da informação em uma espiral cada vez mais abrangente, embora não sem consequências. Se, por um lado, podemos nos "infoxicar" com tantas informações, gerando a angústia de não saber gerir o excesso de dados superpostos (Cornella, 2011), por outro, não há dúvidas de que se sabemos ler, se temos acesso à leitura, então é possível suprir com as informações hoje facilmente disponíveis uma parte das lacunas de nossa formação.

A segunda evidência, que deriva dessa primeira, vem do reconhecimento de que a escola não é o único meio de se obter uma formação cultural e científica. Naturalmente, não se ignora o papel fundamental da escola enquanto instituição responsável pelo ordenamento e disseminação de práticas e saberes socialmente válidos. O argumento aqui não é contra a escola, mas sim das possibilidades oferecidas por outros mecanismos e espaços. A experiência narrada em *O clube do filme,* de um adolescente que troca a escola regular por três sessões semanais de cinema, é um exemplo dessa formação alternativa que uma sociedade atravessada por informações e facilidades de comunicação pode oferecer. Na história de David Gilmour (2009), fica evidente que é a capacidade de leitura que o filho desenvolve ao assistir e discutir os filmes com o pai que permite essa outra formação.

Dessa forma, se correta a nossa hipótese, é na leitura ou na capacidade de leitura que se deve buscar explicações para o fato de que os alunos conseguiam acompanhar seus cursos sem demonstrar a ausência de formação do ensino médio. Não é sem razão, portanto, que ler é uma competência extremamente valorizada entre nós. Tanto que a leitura é sempre vista de maneira positiva e sua ausência, de maneira negativa. É por isso também que não faltam programas e mais programas destinados a remediar a incapacidade de ler ou o analfabetismo, sobretudo entre adultos. Neste caso, saber ler, mais que garantir um lugar na faculdade, é um poderoso fator de inclusão social.

Aquele que não sabe ler não tem acesso aos diplomas, nem ao poderoso mundo das informações e certamente terá dificuldade de ler os filmes e outros produtos culturais que possibilitam uma formação alternativa à escola. Vive, assim, à margem de nossa sociedade e tudo aquilo que ela oferece por meio da escrita. Ao contrário do que as reportagens ingênuas sobre os recém-alfabetizados fazem parecer, não é porque conseguirão doravante ler placa de ônibus ou ler a carta do parente que mora distante que um adulto se esforça para aprender a ler. Essas são ações triviais as quais podem ser facilmente supridas de outra maneira que não por meio do processo, muitas vezes custoso, de alfabetização. O que o domínio da escrita lhe permite é uma nova forma de interação com um mundo do qual faz parte, mas do qual não tinha meios para participar plenamente. Saber ler, apropriar-se da escrita, não torna uma pessoa mais inteligente ou mais humana, não lhe concede virtudes ou qualidades, mas lhe dá acesso a uma ferramenta poderosa para construir, negociar e interpretar a vida e o mundo em que vive.

O valor da leitura (e da leitura literária em especial) do qual tratamos aqui foi exposto de uma maneira original e contundente, como só uma obra literária consegue fazer, no romance *O leitor,* de Bernard Schlink. A história de Hannah e os encontros e desencontros com o narrador pode ser desdobrada em três histórias sucessivas e complementares sobre a leitura (Cosson, 2007).

Na primeira delas, temos uma história de amor. O relacionamento do jovem de 15 anos com a mulher bem mais velha é mediado pelas leituras que ele faz para ela em voz alta. É dessa forma indireta que Hannah participa do mundo complexo que vê ao seu redor e é por isso também que seu horizonte de vida é tão limitado e ela é tão controladora na relação amorosa que mantém com o jovem.

Na segunda, temos uma história de exclusão social. Hannah é julgada e condenada a uma sentença mais dura justamente porque não revela ser analfabeta. Sem esse dado crucial, suas ações anteriores parecem falhas de caráter e suas atitudes frutos de uma arrogância que não conhece arrependimento diante dos crimes cometidos. É por não saber ler que as escolhas de vida de Hannah lhe são tão desastrosas.

Na terceira, temos uma história de renascimento e morte. Na prisão, quando consegue finalmente aprender a ler por meio da literatura, Hannah compreende não apenas o mundo que a cerca e o que viveu, mas também a si mesma. Esse renascer, que envolveu um doloroso processo de isolamento e mergulho em suas culpas, não foi compreendido pelo jovem, agora um advogado, que é seu elo com o mundo exterior. Sem esse reconhecimento, Hannah encontra no suicídio o gesto final de quem agora sabe o peso da existência pelo lado de dentro do seu significado. Ser leitora significou para Hannah ganhar consciência de si e do mundo. Não ser reconhecida como leitora significava voltar à condição de inconsciência que lhe excluía da existência plena e à qual não mais poderia renunciar.

UMA CONCEPÇÃO DE LEITURA

Dado o valor da leitura em nossa sociedade, não surpreende que ler tenha se constituído em vasto campo de saber que envolve desde o mapeamento de áreas do cérebro no momento físico da leitura até a condução de políticas públicas destinadas a promover o domínio da escrita, criando seções específicas em disciplinas tradicionais, tais como história da leitura e psicologia da leitura, e incorporando diversas abordagens, a exemplo do funcionalismo, da fenomenologia e do sociointeracionismo, originadas nos campos da linguística, da filosofia e da educação. Dentre as muitas definições, conceitos e concepções e variadas formas, modelos e perspectivas que alimentam as teorias da leitura (tantas são as teorias da leitura que hoje já se emprega a expressão correntemente no plural), escolhemos aquela que toma a leitura como um diálogo.

A base teórica de tal concepção vem, principalmente, de Bakhtin (1992, 1997), quando concebe o enunciado como um elo da corrente da comunicação verbal que se relaciona tanto com os enunciados anteriores quanto posteriores em um movimento dinâmico de interação social, ou seja, quando toma o diálogo como base de toda comunicação verbal. Também encontra apoio em Vilém Flussér, quando estabelece a diferença entre uma conversa fiada e uma conversação autêntica, em *A dúvida* (1999), e quando considera a literatura parte de uma grande conversação, em *Esperando por Kafka* (2002). Incorpora, ainda, entre várias outras que serão vistas em citações ao longo deste livro, as contribuições do The New London Group (1996), sobretudo o conceito de multiletramento, compreendido como um processo pelo qual nos apropriamos do mundo, reconhecendo tanto o caráter multifacetado da língua quanto a multiplicidade dos meios de comunicação e expressão que a tecnologia hoje nos oferece.

Dessa forma, em uma primeira e fundamental aproximação, podemos dizer que ler é produzir sentidos por meio de um diálogo, uma conversa. Pode ser uma conversa amena sobre questões triviais, como a leitura que fazemos de uma revista antiga em um consultório médico ou no aeroporto enquanto aguardamos o chamado de nosso voo. Pode ser uma conversa embaraçosa como aquela que fazemos de um formulário e suas perguntas indiscretas sobre idade e outros dados que nos são muito particulares. Pode ser uma conversa autoritária como a que se mantém na leitura de textos instrucionais, tais como as receitas culinárias com suas quantidades e medidas nunca exatamente obedecidas justamente porque nos ressentimos do excesso de imperativos no modo de fazer. Pode ser uma conversa enigmática que enfrentamos na tentativa de entender o discurso técnico-precautório-obscuro de uma bula de remédio ou na qual nos surpreendemos pelo inusitado das metáforas num curso de degustação de vinho. Pode ser uma conversa mais profunda, como aquela que temos com um poema, quando descobrimos no arranjo poético das palavras o que julgamos ser a tradução exata do que sentimos ou do que pensamos.

Numa segunda aproximação, ler é um diálogo que se faz com o passado, uma conversa com a experiência dos outros. Nesse diálogo, eu me encontro com o outro e travo relações com ele por meio dos sinais inscritos em algum lugar que é o objeto físico da leitura. Um exemplo muito claro da leitura como um diálogo com o passado nos é dado por J. M. Coetzee (2010), escritor sul-africano e prêmio Nobel de literatura, em *Verão*. Em determinado trecho desse romance, que fala da nossa impossibilidade de amar plenamente porque para isso teríamos que deixar de ser nós para sermos o outro, o protagonista revela a sua prima que está estudando o hotentote, uma língua que não é mais falada na África. Ela retruca perguntando a razão de se estudar uma língua cujos falantes já não estão mais vivos – com quem ele poderia falar tal língua, afinal as línguas não existiam justamente para engendrar a comunicação entre as pessoas? O protagonista respondeu que dava para falar com os mortos, sem o que eles seriam condenados ao silêncio. É assim que o diálogo da leitura estabelece uma ligação entre o presente e o passado. Quando lemos, podemos entrar em uma conversa recém-iniciada e que logo se encerra, como o bilhete preso na geladeira de quem saiu mais cedo ou a mensagem no celular de quem esqueceu algo que precisamos alcançar; ou participar de um diálogo que vem sendo travado há muito tempo e continua aberto, como a leitura que se faz de um texto de 2.500 anos atrás composto por um filósofo grego, cuja voz se mantém viva entre nós pela leitura que fazemos, pelo diálogo que estabelecemos com suas ideias. Toda leitura é, assim, um diálogo com o passado, próximo ou remoto, que busca paradoxalmente eliminar esse passado, presentificar o passado.

Numa terceira aproximação, ler é um diálogo com o passado que cria vínculos, estabelece laços entre leitor e o mundo e os outros leitores. Por meio da leitura, tenho acesso e passo a fazer parte de uma comunidade, ou melhor, das várias co-munidades de leitores, porque na leitura nunca estou sozinho, antes acompanhado de outros tantos leitores que junto comigo determinam o que vale a pena ser lido, como deve ser lido e, no seu limite, em que consiste o próprio ato de ler. A leitura é, assim, um processo de compartilhamento, uma competência social. Daí que uma das principais funções da escola seja justamente constituir-se como um espaço onde aprendemos a partilhar, a compartilhar, a processar a leitura. E isso é verdadeiro tanto em relação ao conhecimento técnico-científico e cultural expresso no currí-culo, o que justifica, entre outras coisas, o ensino da literatura enquanto cânone, quanto o conhecimento social que advém de suas práticas, quer sejam formais ou informais. Quando a escola falha nesse compartilhamento, no processo da leitura, na função de nos tornar leitores, falha em tudo o mais, pois não há conhecimento sem leitura, sem a mediação da palavra e da sua interpretação, da leitura, enfim.

Em síntese, ler consiste em produzir sentidos por meio de um diálogo, um diálogo que travamos com o passado enquanto experiência do outro, experiência que compartilhamos e pela qual nos inserimos em determinada comunidade de leitores. Entendida dessa forma, a leitura é uma competência individual e social, um processo de produção de sentidos que envolve quatro elementos: o leitor, o autor, o texto e o contexto.

OS ELEMENTOS DA LEITURA

Embora esses elementos centrais do processo da leitura estejam presentes de uma maneira ou de outra nas diversas teorias da leitura (e da literatura), a posição que eles ocupam em cada definição do ato de ler costuma ser distinta e, por conseguinte, o próprio entendimento deles e da função que exercem. Dessa forma, para além das constrições que vêm do próprio campo de saber, ou seja, uma história da leitura se preocupa usualmente com o contexto, representado pela circulação dos textos ou pelos hábitos sociais dos leitores, enquanto a psicolinguística se ocupa preferencialmente do leitor ou do processo cognitivo da leitura, pode-se estabelecer um percurso quase que cronológico para o posicionamento de cada elemento no circuito da leitura.

Em uma perspectiva tradicional, a leitura começa com o autor que expressa algo em um objeto (texto) que será assimilado pelo leitor em determinadas circunstâncias (contexto). Ler nessa concepção é buscar o que diz o autor, o qual é simultaneamente ponto de partida e elemento principal do circuito da leitura. O biografismo na crítica literária e as interpretações geradas por aquilo que quis dizer o autor em determinada passagem ou a busca do sentido verdadeiro calcado na intenção do autor são exemplos dessa visão da leitura. A despeito de ser associada ao estudo dos clássicos no passado e explicitamente recusada nos documentos oficiais, onde predomina o modelo interacionista (Menegassi e Fuza, 2010), essa é ainda uma abordagem comum nas práticas escolares, sobretudo na leitura dos textos considerados técnicos, cujo controle da interpretação é realizado com base no entendimento do que disse um autor sobre determinado tópico. Ler é ouvir o autor.

Recusado o autor como elemento central, a leitura passa a tomar o texto como seu horizonte e limite. Ler não é buscar o que disse ou quis dizer o autor, mas sim revelar o que está no texto, como propõe o *New Criticism* ao denunciar a falácia intencional (Beardsley e Wimsatt, [1946] 2002). Há, assim, uma transferência de autoridade do autor para o texto, no qual já se inscreve clandestinamente o leitor. O texto, nas suas linhas e entrelinhas, é o que interessa no processo da leitura, por isso ler começa na compreensão do que diz o texto e tem como ápice a identificação da estrutura ou o reconhecimento dos mecanismos retóricos do texto. Dessa forma, em sua visão mais básica, a leitura é, antes de qualquer coisa, um processo de decifração do texto, de decodificação daquilo que o texto diz. Nos casos mais elaborados, ler é desvelar o texto em sua estrutura, tal como se observa na proposta hoje comum nos manuais de literatura de se analisar um texto poético a partir das camadas sonora, lexical e imagística com que é constituído. Ler é analisar o texto.

A leitura, nas teorias centradas sobre o leitor, começa no momento em que o leitor se dirige ao texto. Aliás, longe de considerar que o texto traz em sua tessitura tudo o que o leitor precisa para processar a leitura, várias dessas teorias pressupõem que o texto nem sequer existe sem o leitor. É apenas no momento da interação ou da transação entre leitor e texto que o sentido se efetiva, de modo que, sem o leitor, os livros, por exemplo, não passam de papel com tinta. Na verdade, nas concepções mais radicais, ler é uma espécie de projeção do leitor sobre o texto, o qual é pouco mais que um pretexto para esse exercício de elaboração dos sentidos trazidos pelo leitor de sua experiência de vida. Em outros casos, ler é uma negociação do leitor com o texto, ou seja, o texto é tomado como um conjunto de pistas que devem ser perseguidas pelo leitor ou um espaço com vazios que devem ser preenchidos pelo leitor (Iser, 1996). Ler a partir dessa perspectiva pode ser, ainda, uma experiência de isolamento e entrega entre o leitor e o texto (Larrosa, 1988) ou uma transação entre texto e leitor comandada por este último (Rosenblat, 1978). Independentemente da concepção, as teorias centradas no leitor tendem a apagar a existência do autor que desaparece por trás do texto. Para essa perspectiva, a leitura é essencialmente um processo de interação entre leitor e texto. Ler é construir o sentido do texto.

O ato de ler centrado no leitor, todavia, não tarda a mostrar que o leitor enquanto indivíduo não é o único responsável pelos sentidos do texto. Antes mesmo de prever ou antecipar os sentidos do texto, o leitor é construído enquanto tal pela comunidade da qual faz parte (Heath, 1983). Mais que isso, o processo da leitura não é sempre o mesmo em todo lugar e em todo momento, pois "a leitura não é uma invariante histórica – mesmo nas suas modalidades mais físicas –, mas um gesto, individual ou coletivo, dependente das formas de sociabilidade, das representações do saber ou do lazer, das concepções da individualidade" (Chartier, 2004: 173). Como ler, quem ler e o que se ler e, por conseguinte, o próprio ato da leitura dependem de um contexto. Nesse sentido, além ou a partir das constrições históricas mais gerais, a leitura sofre das limitações dos discursos que informam e determinam os textos e os sujeitos. Não lemos o que queremos, mas o que nos é dado ler. Não lemos como queremos, mas como nos é permitido ler. Não lemos sozinhos ou por nossa própria conta, mas sim dentro das possibilidades que nos são oferecidas pelo contexto, pois "é o momento histórico-social que aponta para a leitura a ser realizada, ou melhor, para as leituras possíveis para um dado texto, e não o texto em si" (Coracini, 2005:

27-8). Em outras palavras, nessa perspectiva, antes, durante e depois do autor, do leitor e do texto, a leitura parte do contexto e tem no contexto o seu horizonte de definição. Ler é compartilhar os sentidos de uma sociedade.

Atualmente, a necessidade de combinar a presença desses elementos em um processo único e contínuo, tal como o circuito da leitura que propomos aqui, encontra-se expresso no que se pode denominar de teorias da leitura "conciliadoras". O termo é usado por Vilson J. Leffa (1996, 1999), para quem as teorias da leitura podem ser agrupadas em três grandes abordagens ordenadas historicamente em um movimento espiral de complexidade crescente.

O primeiro grupo é das abordagens ascendentes que, centradas no texto, tomam a leitura como um processo de decifração ou extração, como prefere o autor. O termo ascendente se deve à visão de que a leitura é o resultado de uma operação acumulativa que começa nas letras e vai subindo para as orações e os parágrafos, além de ser realizada da esquerda para a direita e de cima para baixo. As abordagens ascendentes sofrem restrições justamente porque enfatizam esse processamento linear do texto, não conseguem perceber a leitura para além do mero reconhecimento do código e tomam o sentido como um percurso fixo e único no texto.

O segundo grupo de abordagens é o das descendentes que fazem do leitor o elemento principal no processo de atribuição de sentido que seria a leitura. Assim, ler é construir hipóteses sobre o sentido do texto, o qual vai se alterando de acordo com essas hipóteses e os diferentes leitores, conforme seus interesses e conhecimento de mundo. Ler começa numa apreensão geral do texto e desce para seus elementos constitutivos numa atividade inteiramente comandada pelo leitor. Além disso, ler está ligado ao uso de diferentes estratégias e objetivos de leitura, ao processamento de informações não visuais, ao acionamento de esquemas cognitivos e ao conhecimento de padrões da escrita. Todavia, o papel de destaque dado ao leitor termina por prejudicar essas abordagens, uma vez que assumem uma perspectiva parcial do processo da leitura, isto é, apenas a parte que cabe ao leitor.

O terceiro grupo é justamente constituído pelas abordagens conciliadoras que buscam incorporar e superar os limites das abordagens anteriores. Neste caso, na perspectiva da psicolinguística, a abordagem transacional tem a leitura como uma transação entre autor e leitor mediada pelo texto em um contexto determinado. Nessa transação, todos esses elementos se modificam por força do processo de interação em que se envolvem, logo o texto resulta de uma construção em que participam autor e leitor. Já a abordagem da compensação concebe a leitura como um processo de interação entre várias fontes de conhecimento, podendo o leitor fazer compensações de acordo com o maior ou menor domínio dessas fontes para construir o sentido do texto. Na perspectiva social, ler é uma atividade social em grande parte determinada pelos limites e restrições impostos por uma comunidade discursiva. A leitura é uma interação controlada pelas regras dessa comunidade e o leitor/escritor precisa conhecer ou dominar essas regras para participar plenamente dela, para construir sentidos que sejam considerados legítimos. Com isso, "a leitura não é um ato solitário, mas coletivo, exercido dentro de uma comunidade que tem suas regras e convenções", ou seja, "o leitor não lê apenas muito ou pouco; ele lê algo com alguém e para alguém" (Leffa, 1999: 34).

Partindo de aportes teóricos diferenciados, outros estudiosos também fazem propostas similares de complementariedade das teorias da leitura. Roxane Rojo (2004), por exemplo, parte de conhecida oposição entre ler e estudar para apresentar a necessidade de a escola incorporar ao ensino procedimentos, estratégias e capacidades do ato de ler e, assim, alargar as práticas de letramento e leitura escolar.

Repassando cronologicamente as teorias da leitura, a autora localiza nos anos 1950 uma primeira teoria que toma a leitura como decodificação, logo preocupada com as capacidades de identificação das letras, da natureza alfabética do sistema de escrita ocidental, reconhecimento global das palavras e fluência e rapidez na decifração do texto, entre outras. Algumas décadas mais tarde, a leitura deixa de ser apenas decodificação para ser compreensão do texto e, um pouco depois, processo de interação entre leitor e texto. Para essa teoria da leitura, contavam com relevantes estratégias como a elaboração de hipóteses que antecipam e preparam a compreensão do texto, a localização de dados, a relação entre informações, a produção de inferências, sínteses e generalizações, entre outros aspectos do ato de ler.

Nos dias atuais, Rojo destaca a leitura como um ato discursivo que leva o leitor a relacionar um texto com outros tantos textos em uma situação de réplica sempre aberta a novas contribuições. Então caso, cabe destacar procedimentos como contextualização da produção do texto, identificação da finalidade da leitura, percepção das relações intertextuais e interdiscursivas, apreciações tanto de ordem política quanto estética e afetiva, entre outros procedimentos. O mais importante é que, como bem coloca a autora, "nenhuma destas teorias invalida os resultados das anteriores. O que acontece é que fomos conhecendo cada vez mais a respeito dos procedimentos e capacidades envolvidos no ato de ler" (Rojo, 2004: 4).

Em nossa perspectiva, interessa enfatizar que essa conciliação ou complementariedade das teorias da leitura requer necessariamente a participação dos quatro elementos que compõem o circuito da leitura. Ler é um processo que, qualquer que seja o seu ponto de partida teórico, passa necessariamente pelo leitor, autor, texto e contexto. Sem um deles, o circuito não se completa e o processo resulta falho. O diálogo da leitura implica ouvir o autor para entender o texto, construir o sentido do texto porque se compartilha os sentidos de uma sociedade; ou construir o sentido do texto ouvindo o autor e compartilhando os sentidos de uma sociedade no entendimento do texto.

A proposição da leitura como um circuito envolvendo quatro elementos – autor, texto, leitor e contexto – não impede que se identifique um desses elementos como ponto de partida, apenas requer que os outros elementos sejam igualmente reconhecidos como constitutivos do processo de construção de sentidos. Dessa forma, em nossa concepção da leitura como diálogo, compreendemos que o gesto inaugural da leitura começa com o leitor fazendo uma indagação. Isso vale tanto para a pergunta que fazemos para aprender, como a leitura costuma ser tratada na escola e, por isso, temos de ler os textos que o professor recomenda, quanto para a pergunta sobre nossa sorte no amor que fazemos à cigana quando ela lê a nossa mão, a pergunta que o navegador faz às estrelas ao ler no céu uma direção. Ler, metafórica ou literalmente, começa com uma pergunta que fazemos a um texto, não importa que essa pergunta seja para nos distrair, para nos emocionar, para nos confortar, para esquecer, para lembrar, para identificar ou para compartilhar. Se a leitura é um diálogo, todo diálogo começa essencialmente com uma pergunta, com uma questão, cuja resposta nos leva a outra pergunta e a outra resposta e a outra pergunta...

FÁBULA 2
A PERGUNTA DA LEITURA E O ENIGMA DA MORTE

Ao consultar um oráculo, um rei ouve que viverá sua idade e a de seus filhos se um deles conseguisse dobrar a morte quando chegasse a hora do rei partir. Interessado em uma vida longa, o rei volta para o palácio e determina que seu filho mais velho fosse aprender todas as manhas do mundo. O jovem monta uma caravana e parte com muitos bens na bagagem. Viaja por lugares distantes e se torna um hábil comerciante. Quando retorna, o pai fica satisfeito. O filho desenvolveu uma grande sagacidade, não confia em ninguém e sabe reconhecer com um simples olhar todos os disfarces de uma trapaça.

Depois de algum tempo, o rei se inquieta. E se a sagacidade não for suficiente para dobrar a morte? Afinal, tantas são as histórias dos que tentaram enganá-la e ela sempre vence. Para acalmar seus receios, resolve enviar o segundo filho para aprender os negócios do mundo. O jovem reúne um grupo de amigos seletos e parte com muitos bens na bagagem. Atravessa os mais diversos reinos e se torna um hábil político. Tanto que quando volta todos os reis vizinhos o querem para ministro. O pai fica satisfeito ao perceber que o filho ganhou muito em persuasão e nunca aceita um não como resposta, pois sabe que todos podem ser convencidos com a devida negociação.

Todavia, depois de algum tempo, o rei novamente se inquieta. E se a persuasão não for suficiente para dobrar a morte? Afinal, tantas são as histórias dos que tentaram negociar um prazo maior e ela sempre vence. Para acalmar seu espírito, resolve enviar o terceiro filho para aprender os segredos do mundo. O jovem viaja apenas com um criado e estuda com grandes sábios, aprende muito do conhecimento acumulado em todos os lugares por onde passa. Quando volta, torna-se um homem reconhecido e admirado pela sua sabedoria que tem sempre uma resposta e uma solução para o que lhe é questionado. O pai fica satisfeito. Agora já não tem o que temer, era só esperar o momento previsto originalmente para sua partida – a seu lado estavam a sagacidade, a persuasão e a sabedoria, armas essenciais para combater e vencer a morte.

Eis que seu quarto e último filho, vendo os irmãos partirem, pede ao pai que também o mande para aprender como lidar com a morte. O rei acha que é uma viagem inútil, mas se bem não fizesse, mal não faria. Resolve, então, enviar o quarto e último filho para aprender o que pudesse ser aprendido no mundo. O jovem parte sem nada levar consigo além de si mesmo e se maravilha com o mundo. A tudo indaga e de todos recebe respostas que servem para novas perguntas. Está sempre em movimento com suas perguntas e assim vai se alimentando do mundo e o mundo crescendo ao seu redor.

Chegado o dia, o rei já velho recebe a visita da morte e esta lhe diz:

– Tu bem sabes que esta é a tua hora, logo vim buscar-te.

E ele responde:

– Sei bem de teu dever, todavia gostaria que conversasse com meu filho mais velho antes.

A morte dá um sorriso com os olhos e em poucos minutos retorna dizendo:

– Ofereci a teu filho os anos de tua vida e da dele desde que ele partilhasse comigo um dia da vida de toda a família, mas ele recusou.

O rei ficou pálido ao compreender que a generosidade da morte havia derrotado a sagacidade de seu filho. Sem se dar por vencido, o rei pede:

– Sei que tens pressa, mas conversa um pouco com meu segundo filho enquanto me despeço dos demais.

A morte mostra os dentes e em poucos minutos retorna e diz:

– Teu filho negociou comigo os anos de tua vida e da dele em troca da soma da vida de seus irmãos.

O rei ficou mais pálido ao compreender que aquilo que o filho havia ganhado em persuasão perdera em princípios. Já quase perdendo a esperança, o rei pediu mais uma vez:

– Concede-me um último desejo. Conversa com meu terceiro filho.

A morte demonstra enfado, mas parte e em poucos minutos retorna dizendo:

– Desafiei teu filho com uma simples questão sobre o amor entre pai e filhos e ele usou muitas palavras, mas não conseguiu me responder.

O rei perdeu toda a cor que lhe restava ao compreender que a sabedoria do filho o tornara tão arrogante que já não conseguia ouvir a voz do coração. Mas eis que em seu desespero final avista o quarto filho que terminara de dar a volta ao mundo e retornava à casa paterna. Num fio de voz, implora:

– Já não tenho como te pedir, mas não me leves sem antes conversar com meu filho mais novo.

A morte fica impaciente, mas vai ao encontro do jovem. Depois de conversar longas horas, não retorna. Com a alma rejuvenescida, o pai se aproxima do filho e pergunta o que havia usado para dobrar morte. O jovem responde que apenas lhe fez perguntas, procurando entender porque ela existia. Mesmo comovido, o rei percebeu naquele instante que vencer a morte é dar à vida uma razão para existir, entendeu enfim o que o oráculo previra.

A morte é o sempre e a vida é apenas passagem. Por isso, convém aproveitar a vida para conhecer e todo conhecimento começa com perguntas cujas respostas geram novas perguntas. Ler é perguntar. A leitura é um diálogo que começa com uma pergunta e uma resposta que gera outra pergunta e outra resposta, que gera outra pergunta e outra resposta, que gera outra pergunta e outra resposta...

A leitura e seus objetos

> Modelo do desvelamento do mundo, a leitura encontra na literatura eventualmente seu recipiente imprescindível. Preservar estas relações é dar sentido a elas. E, se a escola não pode absorvê-las por inteiro, igualmente não pode ser o lugar onde elas se rompem em definitivo, sob a pena de arriscar sua missão e prejudicar, irremediavelmente, o ser humano a quem diz servir (Zilberman, 1986: 20).

A LEITURA FORMATIVA E A LITERATURA

Iniciamos o capítulo anterior destacando o valor da leitura, explicitamos a concepção da leitura como um diálogo, defendemos que esse diálogo se processa por meio de quatro elementos compondo o circuito da leitura e encerramos afirmando que ler começa com uma indagação. Neste capítulo, vamos retomar esses tópicos para tratar do lugar da literatura na formação do leitor e dos objetos da leitura literária.

Comecemos pelo fato de que a escola não é o único espaço de formação – nem o mais eficiente, diriam seus críticos, ainda que não devamos esquecer que a escola é o lugar da aprendizagem sistemática e sistematizada da leitura e de outros saberes e competências – que temos em nossa sociedade. Nas reportagens sobre os alunos que "compraram" diplomas do ensino médio e no relato autobiográfico do clube do filme pudemos entrever que, se a escola não é a única formadora, o que permite a formação em espaços alternativos é a capacidade de ler. A mesma capacidade cuja ausência é tão catastrófica na vida de Hannah porque em nossa sociedade a leitura é parte constitutiva das pessoas. Ler é hoje tão vital quanto era rezar na Idade Média. Para além da tecnologia da escrita, ler atualmente pertence tanto à ordem do que fazemos quanto à ordem do que somos.

E como desenvolvemos a nossa capacidade de leitura? Lendo. Lendo qualquer texto e de qualquer modo? Não. Lendo de maneira formativa. E como leio formativamente? Sintetizando o que as teorias da leitura atualmente concordam sobre a formação de um leitor competente, podemos dizer que lemos formativamente quando:

a) *lemos diversos e diferentes textos* – O conhecimento das várias formas de composição dos textos e de vários tipos de textos[1] permite que o leitor se movimente entre eles e construa um repertório que lhe servirá de parâmetro para as próximas leituras. Toda leitura possui um grau inerente de progressividade que vem da incorporação da presente leitura à história do leitor, pois "ler é cumulativo e avança em progressão geométrica: cada leitura nova baseia-se no que o leitor leu antes" (Manguel, 1997:33). O leitor que restringe a sua experiência de leitura a apenas um único tipo de texto, ainda que o faça extensivamente, termina por empobrecer seu repertório e limitar a sua competência de leitor. Naturalmente, a ênfase na leitura de textos diversos não impede que se tenha um gênero ou temática favorita. Ao contrário, o leitor competente é justamente aquele que, por conhecer a variedade de textos, tem preferências de ordem temática ou estilística, assim como sabe identificar aquele texto que mais lhe convém para ler em diferentes situações.

b) *lemos de diversos modos* – Não se lê sempre do mesmo jeito e precisamos exercitar diversos modos de ler para desenvolver a nossa competência de leitor. Ao ler um jornal, podemos passar os olhos pelas manchetes para saber das notícias do dia, saltar o editorial porque não estamos interessados na opinião dos editores ou dos donos do jornal, ler apenas por curiosidade a página policial e dedicar um bom tempo à página cultural porque queremos ler a resenha dos filmes ou das peças de teatro para escolher o que assistir no fim de semana. Mesmo leituras que aparentemente usam dos mesmos procedimentos não são feitas da mesma forma. Ao ler a página dos classificados, sublinhamos os anúncios que nos interessam e fazemos anotações no espaço branco da página do mesmo jeito que procedemos quando estamos lendo um artigo científico para preparar uma aula. A leitura que fazemos dos classificados, entretanto, é apenas de localização de uma informação, já a leitura do artigo científico demanda que façamos uma série de inferências e procuremos relacionar as informações lidas não apenas com nossas leituras anteriores, mas também com as leituras de nossos alunos e a reflexão que estamos propondo para a disciplina.

c) *lemos para conhecer o texto que nos desafia e que responde a uma demanda específica* – A escolha que se faz de um texto para leitura está diretamente relacionada ao que se deseja ou se precisa conhecer, entender e viver, compreendendo não só os interesses do momento, como também o futuro que se busca alcançar, assim como as limitações de competência no presente e o horizonte que o texto oferece para superá-las. De forma que "nossas escolhas de leitor, como as escolhas da vida, dizem respeito essencialmente ao que estamos vivendo no presente, mas também ao que pretendemos ler no futuro e à maneira como refazemos, a cada novo texto lido, as nossas leituras do passado" (Cosson, 2009: 44). Por isso, o texto a ser lido precisa ser motivador do leitor e essa motivação passa necessariamente pela sua história de vida, a sua história de leitor. Na escola, a indicação de textos literários, por exemplo, tem apresentado dilemas aparentemente intransponíveis justamente porque ignora esse aspecto. Por um lado, não se distingue o valor literário do processo de formação do leitor, deixando de reconhecer que "uma obra pode ser considerada muito boa para atender às necessidades de formação de leitores num dado contexto e ser julgada banal do ponto de vista da história da literatura" (Ceccantini, 2005: 48). Por outro, não se busca conhecer o nível de competência literária do aluno ou trata toda a turma como se estivesse no mesmo nível, demandando que leitores com pouca experiência de ler ficção, ou seja, estudantes de um nível vivencial de leitura, com competência literária muito pequena, apresentem um desempenho igual ao de leitores com razoavelmente extensa competência de leitura, capazes de realizar uma leitura interpretativa.[2]

d) *avaliamos o que lemos* – A leitura, como qualquer outra atividade social, não é feita sem critérios que indicam o que vale a pena ser lido, quando ser lido e por quem deve ser lido. Boa parte desses critérios não são decisões individuais do leitor, ainda que assim possa lhe parecer, mas sim dadas pela comunidade de leitores onde ele está inserido, entre outras forças sociais. Todavia, mesmo reconhecendo essas constrições de ordem mais geral, há um espaço para o exercício crítico quer individual quer social do leitor e esse exercício precisa ser cultivado. Neste caso, conta tanto saber identificar a carga ideológica que todo texto traz consigo, quanto distinguir porque se deve ler e o que importa ser lido naquele texto. As polêmicas em torno da representação preconceituosa ou estereotipada de minorias sociais em obras clássicas ilustram bem essa necessidade de avaliação. Em primeiro lugar, não se pode deixar de reconhecer que vários textos escritos no passado estão mesmo carregados de representações que hoje se consideram inadequadas, quando não francamente ofensivas. Depois, não se pode cair nas armadilhas do anacronismo, usando tal reconhecimento para "limpar" essas obras ou simplesmente condená-las. Uma leitura que se propõe avaliativa é justamente aquela que, ao identificar tais características em uma obra, analisa o que ela representa e por que representa daquela maneira, problematizando esses elementos no seu contexto de produção e no presente da leitura.

e) *lemos para aprender a ler* – Uma boa parte do que lemos se deve a necessidades práticas de nosso cotidiano. Lemos diariamente a sinalização do trânsito para dirigir o carro com segurança. Lemos o manual para saber como funciona um aparelho eletrônico recém-comprado. Lemos o guia de preenchimento de um formulário quando precisamos demandar algo de um órgão do governo. Lemos uma mensagem no celular confirmando um jantar com um amigo. Outras leituras estão relacionadas a questões de ordem profissional, como acontece com a leitura de um artigo científico da área de atuação, ou à inserção social e ao lazer, a exemplo da leitura do jornal e do último romance do autor favorito. A essas leituras se agrega uma de tipo muito especial: a leitura de aprendizagem. Longe de ser uma prática restrita aos leitores iniciantes que precisam adquirir habilidades específicas de decodificação do código escrito, esse tipo de leitura consiste em toda reflexão que se faz do processo da leitura no próprio momento da leitura. Trata-se de uma metaleitura que permite ao leitor conhecer e controlar seus mecanismos de leitura e, assim, aprimorá-los. Tal leitura não está relacionada a um tipo específico de texto, embora textos complexos a favoreçam pelo esforço maior de diálogo que demandam. Também não precisa ser exclusiva nem extensiva, pois podemos exercitar essa consciência e controle ao realizar uma leitura com outros objetivos e em momentos específicos dessas leituras. Não se chega, entretanto, a ser um leitor maduro sem se praticar esse tipo de leitura, por isso ler para aprender a ler é um exercício que precisamos fazer para manter e ampliar continuamente nossa competência de leitor.

Essas e outras características que sintetizam o aprendizado permanente da leitura encontram na literatura um campo ideal para seu desenvolvimento, ou seja, na leitura formativa a literatura ocupa uma posição capital. É assim que, por meio da leitura da literatura, temos acesso a uma grande diversidade de textos, pois é próprio do discurso literário a multiplicidade das formas e a pluralidade dos temas. Sendo menos língua, no sentido de um sistema gramatical determinado, e mais linguagem, compreendida como a competência de fazer o mundo com palavras, a literatura não tem outro limite que a própria capacidade humana de significar.

Essa mesma multiplicidade permite o exercício de diversos modos de ler, uma vez que a literatura incorpora de maneira única os diversos discursos e estruturas textuais de uma sociedade. Tome-se, por exemplo, um gênero como o romance e suas muitas manifestações que podem conduzir desde a reflexão profunda de uma questão (romance filosófico) até a leitura articulada entre imagem e palavra (*graphic novel*), passando por mensagens (romance epistolar), investigação de crimes (romance policial), intrigas políticas (romance de espionagem), relato pessoal (romance autobiográfico), reconstrução do passado (romance histórico), descrição do íntimo (romance psicológico), fé religiosa (romance espírita), entretenimento (romance de aventuras), entre tantas e tantas outras possíveis assimilações de registros, temáticas e estilos.

Com tanta variedade, a literatura não só pode atender a demandas muito específicas de leitura como também permite ao leitor calibrar sua leitura de acordo com a capacidade de compreensão, sem que ele perca seu interesse pelo texto, pois uma temática ou registro textual apresenta uma série de gradações de dificuldade em suas realizações concretas, havendo obras mais e menos elaboradas dentro de um mesmo tipo de texto. Além disso, o trânsito entre diferentes textos é facilitado pela base comum ficcional e/ou poética que sustenta o discurso literário, de tal modo que, ao mesmo tempo que desafia o leitor, a literatura lhe proporciona meios para enfrentar esse desafio com sucesso.

A leitura literária conduz a indagações sobre o que somos e o que queremos viver, de tal forma que o diálogo com a literatura traz sempre a possibilidade de avaliação dos valores postos em uma sociedade. Tal fato acontece porque os textos literários guardam palavras e mundos tanto mais verdadeiros quanto mais imaginados, desafiando os discursos prontos da realidade, sobretudo quando se apresentam como verdades únicas e imutáveis. Também porque na literatura encontramos outros caminhos de vida a serem percorridos e possibilidades múltiplas de construir nossas identidades. Não bastasse essa ampliação de horizontes, o exercício de imaginação que a leitura de todo texto literário requer é uma das formas relevantes do leitor assumir a posição de sujeito e só podemos exercer qualquer movimento crítico quando nos reconhecemos como sujeitos.

A aprendizagem da leitura pela literatura possui todas as vantagens apontadas anteriormente e, em especial, a reflexividade no ato da leitura. Como a matéria-prima da literatura é a palavra, o mundo da literatura é, em primeiro e último lugar, linguagem. Dessa forma, a leitura literária demanda do leitor que se debruce sobre o modo de dizer ao mesmo tempo em que se inteira do que é dito. Os recursos expressivos presentes nos textos literários fazem com que o leitor perceba que a linguagem não é transparente, até porque os referentes dos textos literários são os outros discursos. Tais características ensejam e facilitam o controle da leitura que é a base da leitura de aprendizagem. O leitor pode até se entregar sem reflexão aos artifícios textuais que criam mundos coesos no texto literário, mas em algum momento de sua leitura, ainda que apenas no fim, terá de reconhecer que se trata de uma construção da qual participou ativamente.

Afora tudo isso, a leitura literária nos oferece a liberdade de uma maneira tal que nenhum outro modo de ler poderia oferecer, pois a experiência da literatura é "um modo único de experiência, uma expansão das fronteiras de nossos próprios sentimentos e mundos, vividos por meio de nós mesmos" (Rosenblat, 1994: 68, tradução nossa). Por meio da experiência com a literatura obtemos palavras para dizer o mundo e um mundo a ser vivido. Esse mundo é inicialmente do outro, posto que toda leitura é diálogo, mas nós o tomamos e experienciamos como nosso, rompendo os limites espaciais e temporais de nossas vidas. A literatura, portanto, para retomar Coetzee, torna tudo possível, até o amor, porque ela nos permite ser o outro ao sermos nós mesmos. Em suma, a literatura é formativa porque ela nos forma como leitores e como sujeitos da nossa leitura, "afinal construímos o mundo com palavras e, para quem sabe ler, todo texto é uma letra com a qual escrevemos o que vivemos e o que queremos viver, o que somos e o que queremos ser" (Cosson, 2010: 67).

OS OBJETOS DA LEITURA LITERÁRIA

Se a leitura literária tem um caráter formativo, se a leitura literária é um modo diferente de ler, quer pelo tipo de texto, quer pela forma como é realizada, o que se lê quando se lê literariamente? Quais são os objetos da leitura literária? Antes de entrar no detalhamento da resposta, vamos retomar mais uma vez o que falamos da leitura como um diálogo e do circuito da leitura.

A leitura como diálogo pressupõe uma relação que se estabelece entre leitor e autor, texto e contexto, constituindo o que chamamos de circuito da leitura. A necessária interação entre os quatro elementos desse circuito fazem do ato de ler um processo que é simultaneamente cognitivo – no sentido de realizado por um indivíduo – e social – porque depende de condições que estão além do indivíduo, tanto no que se refere aos meios materiais quanto aos discursos que informam a construção de sentidos em uma sociedade. Nessa perspectiva, como bem mostram as teorias da leitura, ler é sempre um processo relacional, quer seja entendido como uma relação essencialmente especular (Leffa, 1996), quer seja visto como uma operação complexa que inclui, entre outros aspectos, a condição histórica do leitor e seu horizonte de expectativas, as condições de produção do texto, as restrições impostas pela estrutura do texto ao leitor e o contrato enunciativo (Fiorin, 2004). Tomado como um diálogo, como uma relação, o ato de ler é mediado por três objetos que são os objetos da leitura: texto, contexto e intertexto, ou seja, quando leio um texto sempre leio simultaneamente o texto, o contexto e o intertexto, ainda que cada um desses objetos possa receber maior ou menor atenção do leitor (é o que acontece, por exemplo, na escola que, até por necessidade da didatização do processo de leitura, enfatiza um ou outro desses objetos).[3]

O texto

Talvez a melhor maneira de se iniciar uma definição para texto seja recorrer à etimologia do termo, que fala de tessitura e trama, tal como se observa nos tecidos. A esse sentido primeiro de coisa tecida pode-se passar para o trabalho da tessitura, como faz uma aranha, e chegar ao texto como uma teia de sentidos registrada em signos. Qualquer que seja a metáfora utilizada, entretanto, um texto tem sempre duas dimensões: uma é a sua materialidade física e a outra é o fazer que o constitui como tal.

Enquanto objeto físico, a noção de texto tem uma longa história de associação com a escrita ou a representação gráfica das palavras e seus suportes preferenciais como as tabuletas de argila, os cilindros de papiro e pergaminho, o códex de madeira e o livro impresso em papel, tornando um sinônimo do outro.

Em nossos dias, porém, por força do desenvolvimento das tecnologias e dos estudos sobre a leitura, entre outros, a noção do que é um texto é muito mais ampla. Incorporando desde as pinturas rupestres até as multimodais possibilidades de significar oferecidas pelos meios digitais, um texto é mais bem concebido como "todas as maneiras de se configurar signos" (Smagorinsky, 2009: 523, tradução nossa). Com isso, o texto passa a ser menos um objeto claramente delimitado em sua forma física, como é o paradigma do livro, e mais o resultado de um fazer, uma configuração que emerge do processamento de signos feito pelo leitor. É essa percepção que justifica tomar como texto tanto as cartas de tarô onde a cartomante lê a sorte quanto uma página semovente da internet com imagens, sons e links para outras tantas páginas. Também é o que está na base de uma afirmação, hoje algo comum, de que um texto, seja feito de papel e tinta ou de pixels, só é texto no momento em que passa pelos olhos ou pelas mãos de um leitor.

No caso da literatura, os meios percorridos e as formas assumidas pelo discurso literário, como já se viu no primeiro capítulo, tornam o texto literário um espaço complexo e multifacetado. Mesmo quando se leva em consideração apenas o impresso, deixando para trás as formas híbridas como o cinema, os textos da internet e a literatura oral, o universo de manifestações não é pequeno, nem facilmente categorizável. Tome-se como exemplo o caso da literatura infantil em sua relação com o objeto impresso livro infantil.

Em primeiro lugar, a fronteira entre o texto literário e o objeto-livro é extremamente instável, uma vez que os impressos destinados às crianças, sobretudo àquelas nos seus primeiros anos de vida, facilmente se confundem em sua miscelânea de formas e cores e poucas ou nenhuma palavra. Um livro artisticamente concebido em seu formato e ilustração, por exemplo, pode não ter nenhuma relação com o discurso literário. Outro, com um uso mais parcimonioso de recursos ou até mesmo sem recorrer a uma apresentação visualmente artística, pode estar plenamente integrado ao discurso literário. Entre um polo e outro, as possibilidades são tantas quanto permitem a criatividade e os limites cada vez mais alargados do impresso, como mostram os livros feitos de pano ou material que permitem o manuseio de bebês, os livros que simulam as três dimensões quando aberto (livro infantil *pop-up*), os livros sonoros, os livros-dobradura, entre outros tipos que podem ou não estar incluídos na categoria de livros-brinquedos.

Depois, mesmo restringindo-se a questão apenas ao campo literário, não se pode ignorar que o livro infantil se constrói por uma ligação inextrincável entre palavra e imagem, num jogo de presenças e ausências, quer seja tomado como um gênero, quer sejam identificados diferentes gêneros sobre essa mesma designação. No primeiro caso, Celia Belmiro (2008) argumenta sobre a necessidade de se observar no texto de literatura infantil tanto a "escrita como imagem" quanto a "imagem como escrita", ou seja, a adoção de uma outra lógica de leitura que, em lugar de separar, mistura as propriedades atribuídas ao legível e ao visível. Nessas obras não se pode prescindir da integração imagem e palavra porque uma completa o sentido da outra, ou melhor, é da interação das duas que surge o sentido da obra. No segundo caso, distinguindo o livro-álbum de seus correlatos livro de imagens e livro ilustrado, Cortez (2008) demonstra como elementos distintos, tais como a capa, o material impresso, a organização do projeto gráfico, a exploração do tema e os mecanismos de formação do leitor literário, coadunam-se na composição do livro infantil.

Por fim, há que se ter em mente as diferentes funções exercidas por esse tipo de livro ou as diferentes perspectivas do adulto que adquire o livro. É assim que pode ser visto como um objeto lúdico, logo sendo valorizado pela sua capacidade de despertar o interesse da criança pelo seu manuseio. Pode também ser tomado como um objeto pedagógico, seja no sentido mais amplo e legítimo de que "a edição de literatura infantil procura leitores *na escola*" (Soares, 2001: 33, grifo da autora), seja no sentido mais restrito do livro que, se valendo de recursos da literatura e de imagens artísticas, troca o adjetivo literário pelo paradidático. Pode ainda ser um objeto estético conforme o referendo de qualidade que recebe das instâncias sagradoras do literário, tais como os prêmios e a academia, constituindo uma "identidade epistemológica" própria como mostram os vários estudos dedicados à literatura infantil (Lajolo, 2011). E aqui não se pode esquecer que cada uma dessas e de outras abordagens termina por influenciar o local e o contexto em que a obra é lida pela ou para a criança – o quarto de dormir, o quarto de brinquedos, a sala de aula, a sala de leitura da biblioteca, o lugar qualquer (em casa ou na escola) que lhe convém, no sentido que lhe provém.

No entanto, as múltiplas possibilidades de manifestação do texto literário e as várias formas de leitura de que pode ser objeto, conforme se pode depreender pelo exemplo do livro infantil, não devem servir de pretexto para um vale-tudo no campo literário. Evitando cair nas armadilhas de uma perspectiva essencialista, é possível indicar dois limites dentro dos quais os textos assumem uma configuração que os identificam como parte do discurso literário.

O primeiro deles é o do leitor ou, talvez mais especificamente, da experiência da leitura como constituidora do literário. Uma reflexão essencial sobre o tema encontra-se na teoria transacional da obra literária de Louise M. Rosenblat (1994 [1978]). Para a autora, todo texto é um conjunto de símbolos que dependem do leitor para serem efetivados como tal. A obra literária, portanto, não existe no texto, mas sim na experiência da leitura feita por determinado leitor localizado em um tempo e espaço específicos – nas palavras da autora, uma obra literária "acontece durante um encontro integrador, uma compenetração, de um leitor e um texto" (Rosenblat, 1994: 12). O que distingue a experiência da leitura literária de outras leituras é o modo como o leitor processa o texto. Considerando a leitura como um contínuo, tem-se em um dos polos a leitura eferente e, em outro, a leitura estética. Na leitura eferente, o leitor se preocupa com o que está fora do texto ou para aquilo do qual o texto é veículo. Na leitura estética, o leitor se volta para o texto em si mesmo e o que acontece durante o processo de construção de sentido. É esse modo de ler – a leitura estética – que garante a experiência literária. Naturalmente, o rendimento da leitura estética será tanto mais efetivo quanto mais artisticamente elaborado for o texto, ou seja, "a ênfase sobre o papel do leitor não minimiza de modo algum a importância do texto", pois, "quando o leitor adota a instância estética, claramente alguns textos trarão uma recompensa maior por sua atenção do que outros" (Rosenblat, 1994: 34).

O segundo é da literariedade. O termo literariedade foi criado no âmbito do movimento crítico do formalismo russo para designar o elemento ou conjunto de elementos estilísticos/linguísticos que distinguiam o texto literário do texto não literário. Por seu caráter intrínseco, o conceito sofreu várias críticas de teorias literárias de inspiração social e terminou sendo deixado de lado pelas teorias pós-estruturalistas. Mais recentemente, foi retomado por David Miall e Don Kuiken (1999). Para esses autores, a literariedade é "produto de um modo distinto de ler", o modo de ler da literatura, que pode ser identificado por meio de "três componentes-chaves das respostas aos textos literários" (Miall e Kuiken, 1999: 122). Esses três elementos são as "variações estilísticas" (primeiro elemento) que levam à "desfamiliarização" (segundo elemento) e essa à "modificação ou transformação de um conceito ou sentimento convencional" (terceiro elemento). Separadamente, reconhecem os autores, cada um desses três elementos pode ser encontrado na leitura de qualquer texto, mas são naqueles assinalados como textos literários que eles interagem de maneira singular gerando a literariedade.[4]

Como se pode verificar, tanto para Rosenblat quanto Miall e Kuiken, o leitor cumpre papel fundamental na construção do literário, mas esse papel não pode nem deve ser dissociado de elementos que compõem o texto. Dessa forma, com base nesses dois limites, podemos dizer que ler o texto literário é reconhecer nos textos aquilo que o faz literário, sendo tal reconhecimento uma dimensão significativa do discurso literário.

Para exemplificar com um caso concreto a leitura de um texto literário, vamos tomar como texto a obra *Dia de chuva*, escrita por Ana Maria Machado e ilustrada por Nelson Cruz (Machado, 2007).[5] A edição da obra está voltada para um leitor iniciante. O formato é grande, privilegiando o manuseio do leitor infantil ou de uma leitura compartilhada entre adultos e crianças. O texto verbal consiste apenas em duas ou três linhas em uma página em branco sendo antecedido pelo texto imagético, que ocupa toda a página anterior. Nos casos em que texto imagético e texto verbal ocupam a mesma página, predomina a ilustração sobre o escrito, que se restringe a uma linha na parte superior da página. Coerente com o endereçamento infantil, o corpo das letras é grande, com uma fonte onomatopaica em relação ao conteúdo da obra.

A narrativa tematiza o exercício da imaginação, propondo diferentes percepções para um mesmo evento. A história começa com a chegada de Henrique e Isadora à casa de Guido em um dia de ventania e prenúncio de temporal. Por conta da chuva iminente, as crianças ficam confinadas aos espaços internos, mais especificamente à sala de estar, que se transformam em territórios de uma viagem repleta de aventuras. A narração dessa viagem é feita simultânea e harmoniosamente pela relação complementar entre imagem e palavra.

O texto verbal apoia-se na concisão, contando a história em poucas frases, várias delas funcionando como dísticos – "Eles ouviram o trovão/ e viram as nuvens escuras."; "Então viajaram com os amigos/ nas costas dos elefantes". Mesmo conciso, o texto não deixa de apresentar recursos expressivos relevantes, como são exemplos a chuva vista pelas crianças por meio de uma "corrida das gotas na vidraça" e o onomatopaico som inicial da chuva: "Tipe-tope-tipe-tope-tipe...". Além disso, assim como as três crianças que brincam, o leitor precisa usar a imaginação para compor as aventuras com poucas palavras que funcionam como índices de narrativas já conhecidas ou fantasiadas, como são exemplo a caravana de carroças, o navio mágico, as pontes sobre abismos e os piratas.

O texto imagético, por sua vez, funciona como um contraponto ao que está escrito, mediando o mundo real e o mundo da fantasia. É assim que a sala de estar é mostrada em diferentes perspectivas. Ela é enfocada de baixo para cima, como se reproduzisse o olhar de uma criança, quando revela as brincadeiras. A perspectiva se modifica no final, assumindo o olhar do adulto de cima para baixo, quando se encerram as brincadeiras. O mundo de fantasia das crianças é favorecido pelas formas esmaecidas das formas humanas, dos objetos e do ambiente que rompem os limites da página, assim como o escurecimento de uma das bordas da página. O caráter infantil é reforçado pela técnica de pintura, que simula o giz de cera, e o colorido suave em diversos tons de verde até chegar ao amarelo nos grandes planos em um jogo de sombra e luz. Não falta nem mesmo um cachorro que, apesar de não ser mencionado no texto escrito, ajuda a compor a dimensão infantil do mundo imaginário.

Todos esses elementos da elaboração do texto são importantes para que o leitor apreenda o desencontro entre o que é percebido pelo adulto (três meninos presos em uma sala de estar por conta da chuva que os impede de brincar lá fora) e o que os três meninos vivenciaram na história (uma viagem imaginária, com aventuras e perigos em cabanas, ilhas e cavernas típicas dos contos infantis). E, ao compreender tal desencontro, possa exercitar, por meio das palavras e ilustrações presentes no texto, uma forma de imaginação semelhante àquela que permite à criança viajar sem sair de casa em um dia de chuva.

O contexto

Embora seja muito usada nas aulas de literatura do ensino médio e os manuais de literatura costumem abrir seus capítulos sobre períodos literários com o contexto da época, a noção de contexto é um tanto mais complexa do que a indicação de dados históricos e a listagem de traços estilísticos da época de produção da obra. Em primeiro lugar, o uso do contexto como categoria não se restringe ao campo literário; ao contrário, alcança áreas tão diversas quanto a biologia, a linguística, a história, a filosofia, a psicologia, a antropologia, a economia, neurociência, entre outras. Depois, apesar de bastante usado nesses diversos domínios, raramente o termo é definido em termos conceituais ou analíticos. Por fim, "se a complexidade do contexto o torna uma ferramenta poderosa tanto para o conhecimento quanto para a cognição, essa mesma complexidade e dinamismo faz do contexto um conceito difícil de ser formalmente definido e estudado" (Akman e Bazzanella, 2003: 322).

Tal dificuldade, no entanto, não impede que se busque uma definição para o termo. Os mesmos autores que apontam a complexidade do conceito propõem, a partir do modelo de protótipo de Rosch, dois pontos centrais para os quais convergem as várias definições de contexto. O primeiro deles é o "ponto local" que corresponde ao ambiente da interação, logo é construído no momento em que se relaciona texto e contexto. O segundo é o "ponto global" que responde pelas condições sociais e culturais em que a interação acontece e que são independentes das condições imediatas dessa interação. Em termos de obra literária, podemos traduzir simplificadamente essa proposta de Akman e Bazzanella como contexto de interação, que diz respeito ao leitor e sua interação com a obra, sendo, portanto, um elemento sempre variável, posto que depende de cada leitor em suas diferentes leituras no tempo e no espaço. Já o contexto global pode ser assimilado ao contexto de enunciação da obra, que uma vez dado acompanha de maneira implícita ou explícita as várias leituras que dela podem ser feitas.

A essa estrutura dual se somam outras de estrutura triádica que buscam igualmente dar conta dos elementos principais que compõem uma definição do termo contexto. Uma dessas propostas vem do campo do letramento. Trata-se de um estudo do uso do conceito em artigos de revistas científicas da área realizado por Rex, Green e Dixon (1998). Apoiadas nessa amostra, essas autoras identificam para os diversos usos da noção de contexto "sete termos sínteses – tipo, identidade, lugar, comunidade, atividade, forma e condição – em três domínios de sentido", os quais "são classificados de acordo com seus traços semânticos comuns em contexto com-o-texto, contexto ao-redor-do-texto e contexto além-do-texto" (Rex, Green e Dixon, 1998: 414). O contexto com-o-texto está centrado nas características do texto em um evento de letramento, quer sejam elementos gráficos, como ilustrações, ou informações inferenciais que precisam ser processadas pelo leitor. Já o contexto ao-redor-do-texto refere-se aos elementos que estão fora do texto, mas que influenciam diretamente o evento de letramento, a exemplo de ambientes como uma sala de aula ou do conhecimento de um determinado discurso. O contexto além-do-texto, por fim, compreende as dimensões mais amplas da sociedade, da cultura e da história que influenciam indiretamente o evento de letramento.

Essa proposta de três termos é relevante porque apresenta um maior detalhamento da noção de contexto do que a estrutura dual, permitindo que se parta de uma unidade mínima que é o próprio texto até chegar progressivamente em espaços mais amplos que localizam o texto como parâmetros definidores da noção de contexto. Além disso, como se trata de uma definição na área do letramento, pode ser aplicada praticamente sem adaptações ao campo literário. Dessa forma, podemos dizer que o contexto com-o-texto corresponde aos elementos intratextuais e textuais de uma obra, como a relação entre narrador e protagonista em um romance e as contrições dos gêneros. O contexto ao-redor-do-texto refere-se às condições imediatas que envolvem o processamento da obra, logo às várias e diferentes leituras do leitor enquanto indivíduo. Finalmente, o contexto além-do-texto compreende as condições culturais e sociais de produção e recepção das obras, incorporando a noção tradicional de contexto usada nos manuais de história da literatura ao lado da recepção crítica das obras ao longo do tempo.

Buscando tornar essa noção de contexto mais presente para o leitor, propomos analisar brevemente aqui o contexto, priorizando o contexto com-o-texto, de um conhecido romance juvenil: *O homem que calculava*, de Malba Tahan ([1938] 2001), mais precisamente o terceiro capítulo no qual se apresenta a história da divisão equânime de 35 camelos entre três irmãos. Escolhemos propositadamente esse texto porque ele tem sido parte das antologias dos manuais didáticos e seu uso escolar coloca em evidência uma das dificuldades da leitura do contexto de obras literárias na sala de aula. Por ser construído em torno de um problema com frações, o uso desse texto enfrenta um dilema na escola; de um lado, há a possibilidade evidente de interação com o saber matemático. De outro, o risco de perder a experiência da leitura literária ao fazer da obra material de ensino de outras disciplinas ou conteúdos. Entre um polo e outro, a noção de contexto, sobretudo a de contexto com-o-texto, ajuda-nos a compreender que todo texto literário tem uma mensagem mais ou menos explícita, tem um desenho de mundo a ser depreendido no momento da leitura, um saber sobre essa ou aquela área que não pode nem deve ser desprezado. A identificação dessas referências é fundamental para firmar ou ampliar o entendimento da história que se está lendo. A leitura literária, portanto, tem no contexto um de seus objetos legítimos, desde que se tenha o cuidado de não separar essas características *contextuais* do texto, pois, quando isso acontece, a leitura deixa de ser literária para ser didática e a obra literária se transforma em objeto de ensino de um determinando conteúdo – um uso escolar que tem sua relevância em determinados ambientes, mas que não pode ser confundido com a leitura literária.

É por isso que a leitura da história dos 35 camelos como um texto literário não pode transformá-la em um mero cenário para a aplicação de frações, um "problema" de matemática mais elaborado. Deve, ao contrário, considerar que se trata de uma narrativa que se passa no século XIII, um período de consolidação do império turco-otomano, com dois viajantes a caminho de Bagdá, então centro desse império. Uma história que tem por ambiente a sociedade muçulmana, na qual as representações abstratas, como os números, adquirem um valor especial pelas reservas impostas às imagens, conforme os preceitos religiosos que a fundamentam. Uma trama que é lastreada por uma cultura que amplia e fortalece o saber matemático da Antiguidade, sobretudo por meio da álgebra aplicada às questões do cotidiano. Um relato cujo protagonista encarna a sagacidade e o valor dado aos homens que sabiam calcular no mundo islâmico. Um modo de narrar que remete ao *maqamad*, gênero da literatura árabe daquela época, destinado a ensinar e divertir por meio das peripécias de um herói astucioso. Uma representação idealizada que explora o caráter exótico, aos olhos ocidentais, do mundo árabe medieval, mas nem por isso menos eficiente – ou até por isso mesmo mais eficiente – em sua evocação das narrativas tradicionais desse universo cultural. A

60 Círculos de leitura e letramento literário

narrativa de Malba Tahan é constituída por todos esses elementos contextuais e outros mais que fazem da resolução de um problema de fração, a divisão dos 35 camelos, uma narrativa literária. Afinal, como argumenta Marisa Lajolo (2009) ao revisitar o ensaio antológico, o texto não deve ser pretexto, mas sua leitura é sempre contextual.

O intertexto

Como já é bem estabelecido, o termo intertexto foi cunhado em 1966 por Julia Kristeva, com base na leitura de Bakhtin, para designar a relação entre textos ou mais precisamente o reconhecimento de que um texto é sempre resultado de um diálogo com outros textos. A partir dessa definição primeira, o termo ganhou rápida aceitação no campo literário, fazendo fortuna na literatura comparada, substituindo ou renovando as noções de tradição, fonte, influência, imitação, empréstimos e outros conceitos que procuravam dar conta das relações entre literaturas nacionais, assim como para além delas (Carvalhal, 2006). O conceito de intertextualidade também vem ao encontro da passagem do estruturalismo para o pós-estruturalismo e dá sustentação aos vários elementos que constituem a produção literária e artística do pós-modernismo, como o pastiche, a paródia, a reescritura, a memória, entre outros, os quais, ao mesmo tempo que desvelam a interdependência da cultura, também relativizam as noções de autoria, originalidade e unicidade da obra de arte (Allen, 2000). Não faltam, ainda, propostas para tornar o conceito de intertexto operacional na análise das obras literárias, como faz Gerard Genette (1982) ao inserir a intertextualidade em um complexo mosaico de relações entre os textos que denomina de transtextualidade. De tudo isso resulta que o intertexto pode ser definido fundamentalmente como a presença ou referência de um texto em outro texto, vindo da forma como essa relação é identificada e dos textos que compõem o vasto e complexo uso do termo.

Enquanto objeto da leitura literária, o intertexto ocupa uma posição muito especial. O seu estatuto diferenciado vem do fato de que por meio dele se verifica não apenas o texto ou os textos que estão entretecidos em um determinado texto, mas também se evidenciam as relações que se estabelecem entre os elementos e os objetos da leitura. Em outras palavras, ao revelar o entretecimento dos textos, o intertexto também desvela a trama da leitura. Trata-se, assim, de um conceito fundamentalmente reflexivo que não pode (e nem deve) ser pensado fora das relações que estabelece entre autor, leitor, texto e contexto.

Nessa perspectiva, usando de artifício didático, podemos distinguir três grandes núcleos de sentido na leitura do intertexto. O primeiro deles está ligado ao autor como leitor, implicando que a posição de leitor antecede a de autor, logo um autor jamais escreve um texto novo, mas sim reescreve as suas leituras em um novo texto. O trabalho de escritura é sempre reescritura daquilo que se leu, incorporação de uma tradição (ainda que para reescrevê-la ou mesmo recusá-la) e inserção em uma comunidade literária. Por isso, a intertextualidade "possibilita que se recomponham os fios internos dessa vasta continuidade [literária, tal como ela se manifesta em cada texto] em seus prolongamentos e rupturas" (Carvalhal, 2006: 128). A leitura do intertexto voltada para o trabalho do autor, portanto, consiste em verificar como o autor ou a obra estão inscritos no discurso literário ou, mais precisamente, como autor e obra se inscrevem na história do discurso literário.

O segundo núcleo de sentidos do intertexto é relacionado com a trama do texto, com a intertextualidade enquanto presença mais ou menos explícita de um texto na elaboração de outro texto. Ler o intertexto aqui significa construir o sentido do texto a partir da relação de complementariedade com o texto referido, uma vez que a obra que se tem a mão foi elaborada passando de alguma forma pelo texto anterior, funcionando como uma reescritura, uma atualização do texto ausente. Essa relação pode ser sutil, como acontece na alusão, ou mais direta, como na citação, passando por outros tantos mecanismos de referência intertextual, a exemplo da paródia, paráfrase, pastiche, estilização, écfrase e glosa.

O terceiro núcleo de sentidos é constituído pelo intertexto enquanto relação contextual do leitor com a obra. Assim, a referência ao outro texto não precisa passar necessariamente pela trama do texto, mas sim pelo cabedal de leituras e experiências do leitor. O intertexto é, por assim dizer, criado pelo leitor ao associar dois textos, sem que haja entre eles necessariamente um vínculo sugerido ou referenciado de alguma forma no texto. Com isso, a leitura do intertexto depende em grande medida do contexto que o leitor empresta à obra a fim de torná-la significativa naquele momento em que negocia o seu sentido.

Qualquer que seja o núcleo de sentidos visado da intertextualidade, nada acontece sem o trabalho do leitor, que é a marca constante de toda leitura intertextual, ou seja, o intertexto depende da capacidade do leitor em reconhecer no texto presente a referência, o texto ausente. Não basta, entretanto, o mero reconhecimento da similaridade – essa é uma tarefa que está em muito facilitada pelo mundo digital, havendo até mesmo programas que fazem buscas intertextuais e conseguem resultados relevantes (Coffee et al., 2012). Para que o intertexto seja efetivado como tal é preciso que o leitor faça dessa presença uma maneira de construir os sentidos dos textos, que a aproximação feita resulte em ampliação ou aprofundamento dos laços que estabelecem entre si e com a cultura que o leitor dinamiza pelo reconhecimento do intertexto.

Um exemplo de leitura do intertexto pode ser construído na análise do conto "As três noites do papagaio", que faz parte do livro *No meio da noite escura tem um pé maravilha – Contos folclóricos de amor e aventura*, de Ricardo Azevedo (2006). A narrativa é um reconto de um texto popular com variações facilmente encontradas no cordel nordestino e em narrativas mais antigas. A história é aparentemente simples: o marido viaja e deixa a bela e jovem esposa sozinha e saudosa. Um filho de fazendeiro vê a mulher e por ela se apaixona. Acreditando poder seduzi-la, contrata uma velha para, durante a noite, trazê-la para um encontro amoroso, ainda que enganada. O papagaio, percebendo o engodo, por três noites finge-se de doente e conta uma história que impede a mulher de acompanhar a velha. Ao final da terceira noite, o marido retorna e expulsa a velha de sua casa.

Um dos intertextos dessa narrativa vem de uma das fábulas de *As mil e uma noites*. Trata-se da história da décima quarta noite, "O marido e o papagaio" (Galland, 2001), que possui as mesmas personagens do reconto de Ricardo Azevedo: o marido viajante, o papagaio falante e a esposa em uma situação de traição amorosa. No entanto, a associação entre as duas histórias ganha relevo menos pela proximidade de enredo e personagens e mais pela inversão do papel das esposas e a persona do papagaio. No conto de *As mil e uma noites*, o papagaio apenas observa e narra o que vê ao marido traído, funcionando como uma ave fantástica, mas ainda bem próxima de suas características animais. No reconto de Azevedo, o papagaio assume uma persona mais humana em suas habilidades de ver e narrar, uma espécie de guardião do lar, cuja inteligência supera a da astuta velha alcoviteira. As diferentes personas do papagaio, porém, ganham um sentido especial porque as esposas também são bem distintas. A esposa do conto árabe trai efetivamente o marido enquanto a esposa do reconto é apenas ingênua. Uma conclusão que se tira da aproximação entre as duas histórias é que frente a uma esposa adúltera um papagaio falante tem pouca chance de sobreviver contando histórias. Já para uma esposa ingênua, um papagaio falante é um aliado que lhe compensa a falta de sagacidade e inexperiência no trato social. Ao final, como em qualquer casamento da vida real, mais vale o caráter dos cônjuges do que papagaios falantes, ainda que sejam animais maravilhosos.

Também em conexão com *As mil e uma noites* pode ser lido o estratagema usado pelo papagaio para proteger a esposa do seu dono. Tal como Sherazade conta histórias ao sultão para não ser morta ao raiar do dia, o pássaro usa uma narrativa habilmente interrompida para manter a mulher em casa e evitar uma possível tragédia. A narrativa dentro da narrativa ou a narrativa emoldurada do papagaio ganha assim um sentido mais amplo que está ligado ao ato de narrar. Se a narradora de *As mil e uma noites* é tão bem-sucedida que acaba ganhando o amor do sultão, o papagaio também consegue manter o amor de seus donos intacto. Narrar é, nessa conexão entre os dois textos, uma forma de preservar a vida e o casamento ameaçados pela paixão corruptora, de deter o tempo enquanto se faz paradoxalmente o tempo andar para chegar ao momento certo: o amor do sultão, o retorno do marido.

Mais um intertexto encontra-se na história contada em três partes pelo papagaio sobre uma moça que sonha com um príncipe vestido de branco. Forçada pelo pai a casar, a moça foge seguindo esse moço sonhado, que lhe aparece como fantasma em uma noite de luar, até chegar a um castelo onde tudo é feito de pedra e está paralisado. Lá encontra o príncipe dos sonhos feito de pedra como tudo mais. O beijo da moça desperta o príncipe e todo o reino em uma clara relação com o mito de Psiquê ou da bela adormecida em uma versão masculina. Fazer a mulher buscar seu amado, assumir um papel ativo, recuperando Psiquê contra o papel passivo e mais convencional da bela adormecida, é um dos efeitos de sentido que a leitura do intertexto no texto coloca em destaque ao embaralhar os papéis de gênero bem mais marcados no imaginário popular.

Aproximar diferentes textos para mostrar como eles se relacionam enquanto intertextos é a base de toda leitura intertextual. Por meio da leitura do intertexto, o leitor solidifica e amplia o conhecimento da sua cultura e da relação que ela mantém com outras, tornando-se ele mesmo parte desse diálogo que, como já sabemos, é, em última análise, a própria leitura. Leitura que, retomando mais uma vez nossa síntese, consiste em um processo envolvendo autor, leitor, texto e contexto em uma relação de diálogo que tem como objetos o texto, o contexto e o intertexto. É desse diálogo entre os elementos e os objetos que surgem os diferentes modos da leitura literária, como veremos no próximo capítulo.

FÁBULA 3
O MONGE E A LITERATURA

Durante uma batalha cruenta em que teve de lutar pessoalmente, um rei perdeu grande parte de seus homens, entre eles seu conselheiro. Recomposto da luta, o rei resolveu nomear outro conselheiro. Como era tradição, o novo conselheiro deveria vir da classe dos monges que se retiravam do mundo para melhor observá-lo. Esses monges eram recolhidos a um monastério ainda crianças e passavam por um longo e rigoroso processo de formação que os tornava aptos a aconselhar o rei. Tratava-se de um posto de grande honorabilidade e poucos eram aqueles que conseguiam atingir todos os seus requisitos. Além disso, a sucessão dependia de uma vacância no cargo ocasionada por morte do antecessor ou desgraça deste junto ao rei. Por tudo isso, o monastério mantinha sempre um e não mais que um monge pronto para assumir o posto de conselheiro do rei. Os demais se ocupavam em manter a tradição e formar os futuros conselheiros.

Coube ao acaso que a morte do conselheiro acontecesse justamente em um momento de transição no delicado processo de escolha e não houvesse um candidato previamente selecionado para ser conduzido à corte. Sabendo dos protocolos e da demora de tal seleção entre os monges, o rei decidiu mandar seu mais valoroso general, aquele que havia lutado bravamente a seu lado, para escolher o novo conselheiro.

O general partiu sem demora para o monastério sagrado e, após praticar jogos de guerra com os candidatos, retornou ao rei e disse:

– Majestade, escolhi um homem sábio que vos será muito útil nas grandes e pequenas decisões. É um homem que conhece a arte da guerra e sabe como poucos os caminhos necessários para vencer uma batalha. Com ele ao vosso lado, podereis conquistar todas as cidades que desejares e vosso reino vai se estender para além do horizonte.

O rei gostou do que ouviu, mas, após imaginar a extensão do reino e as batalhas que ainda seriam travadas, resolveu que aquele conselheiro era importante para conquistar, mas não para manter as cidades.

Como não podia esperar, chamou o guardião de seus tesouros, o homem que ele mais confiava no mundo, e ordenou que fosse ao monastério para escolher o novo conselheiro. Ele foi imediatamente ao monastério sagrado, onde realizou testes e mais testes sobre números e medidas com os candidatos. Em seguida, retornou ao rei e disse:

– Majestade, escolhi um homem sábio que vos será muito útil nas grandes e pequenas decisões. É um homem que conhece como poucos o peso do ouro e é capaz não apenas de manter, como também de dobrar vosso tesouro de maneira que nem consigo imaginar.

O rei gostou do que ouviu, mas, após contabilizar o que já havia conquistado e o que poderia ainda conquistar no seu reinado, resolveu que aquele conselheiro era importante para amealhar e manter o tesouro, mas que certamente teria dificuldade em distribuí-lo se fosse necessário.

Inquieto, chamou sua esposa favorita, a mulher a quem havia entregado o coração e pediu que fosse ao monastério para escolher o novo conselheiro. Sem delongas, a esposa do rei encaminhou-se ao monastério sagrado. Após conversar longamente com os candidatos sobre coisas pequenas e aparentemente sem importância alguma, ela retornou ao rei e disse:

– Majestade, escolhi um homem sábio que vos será muito útil nas grandes e pequenas decisões. É um homem que conhece como poucos os caprichos dos sentimentos, com ele sabereis quem vos mente, quem vos diz a verdade, quem vos ama verdadeiramente, quem pretende vos trair.

O rei gostou do que ouviu e ficou espantado com que saberia de toda sua corte e de seus visitantes com tal monge como conselheiro, mas depois de meditar considerou que os sentimentos podem mudar. Além disso, ele bem sabia que os sentimentos não são os únicos guias da ação dos homens.

Até como um modo de preparação para desafios futuros, resolveu encaminhar o filho que iria sucedê-lo no trono para escolher o futuro conselheiro. O jovem mal ouviu o pai e já partiu em direção ao monastério. Lá chegando, apresentou-se ao velho monge porteiro relatando a missão recebida. Enquanto movia os pesados portões, o monge perguntou se o jovem já sabia como iria escolher e este percebeu que, entusiasmado em cumprir a missão, não tinha tido tempo de pensar em como executá-la. O velho monge então aconselhou ao príncipe que pedisse a cada um dos monges candidatos uma história. Depois de ouvir a história de sabedoria e habilidade do monge, o jovem príncipe certamente não teria dificuldade de escolher um deles. O príncipe considerou sensato o conselho e assim procedeu. Depois de ouvir todos os candidatos, escolheu um monge que falava da fama e da fortuna e do grande destino do reino quando ele, o príncipe, assumisse o trono. Ao voltar ao palácio, o príncipe dirigiu-se imediatamente ao rei e disse:

– Meu pai, escolhi um homem sábio que vos será muito útil nas grandes e pequenas decisões. É um homem que conhece como poucos a grandeza dos grandes feitos e será capaz de nos inspirar a buscá-los, com ele teremos fama imortal e nosso reino entrará para a história. O rei ficou muito impressionado com as palavras veementes do filho e pediu que detalhasse como havia chegado a tal conselheiro.

Após ouvir o príncipe, o rei levantou-se e partiu ele mesmo para o monastério. Lá chegando, abriu-lhe as portas o velho porteiro a quem o rei disse:

– Pega tudo o que queres levar contigo e vem ser meu conselheiro.

O monge não demonstrou espanto e acompanhou o rei sem levar nada consigo.

Na corte, quando o rei retornou, todos olhavam com surpresa o velho monge porteiro sem entender por que havia sido escolhido pelo rei. Para que não pairasse nenhuma sombra sobre a luz de sua decisão, o rei reuniu o general, o tesoureiro, a esposa favorita e o filho e disse:

– Cada um de vocês escolheu muito bem, segundo os critérios que governam suas vidas. Um general precisa de conselhos para as batalhas. Um tesoureiro, de conselhos para manter e ampliar o tesouro. Uma mulher, de conselhos sobre quem ama e quem não ama. Um príncipe, de conselhos sobre um futuro brilhante. Um rei, porém, precisa de conselhos que lhe mostrem possibilidades.

Contamos essa fábula para explicar que a literatura é como esse velho monge porteiro. Ela nos abre portas para as possibilidades de ser e viver de uma maneira única porque o faz com absoluta liberdade, porque o seu compromisso é o de abrir portas. Por isso, se quisermos ser reis de nós mesmos, precisamos ler literariamente as palavras com as quais construímos as muitas possibilidades que temos de existência.

NOTAS

[1] A necessidade da variedade dos textos é bem reconhecida nas propostas curriculares de ensino de Língua Portuguesa que buscam colocar o aluno em contato com um grande número de textos. Há, nessas propostas, porém, algumas questões a serem observadas. Primeiro, a multiplicidade das formas e temas não pode ignorar as diferenças entre textos complexos e textos simples – há, sim, diferenças relevantes, entre a narrativa de auto-ajuda do momento e o romance de Machado de Assis, assim como o tempo que se dedica para ler uma receita culinária e outros textos menores não é o mesmo que se gasta na leitura de um poema. Depois, pouco adianta contemplar textos diversos se o trabalho feito com eles não contempla a sua diversidade; ao contrário, segue o mesmo padrão de leitura e exploração de texto dado pelo livro didático. Também a diversidade dos textos

não é reservada exclusivamente ao ensino de Língua Portuguesa, pois as outras matérias escolares também usam textos para ensinar. Mais que isso, o leitor em formação, ainda que de maneira irregular e informal, não pode se furtar aos muitos textos que circulam em nossa sociedade. De uma forma ou de outra, ele termina manuseando esses textos, com maior ou menor proficiência, após ter ultrapassado a barreira da aquisição inicial do código escrito ou da linguagem digital no caso dos textos eletrônicos e assim por diante. Cabe à escola, portanto, selecionar os textos que são relevantes e buscar oferecer aos seus alunos o reconhecimento deles e de seus campos discursivos enquanto espaços de manifestação cultural, logo passíveis de apropriação e recriação pessoal e social.

[2] A importância desse conhecimento é destacada por Witte, Rijlaarsdam e Schram (2012), que propõem distinguir seis níveis de competência literária e seus respectivos perfis de leitor para o ensino médio, que traduzimos e adaptamos para o nosso contexto como: Nível 1 – leitura vivencial, leitor com competência literária muito pequena; Nível 2 – leitura identificadora, leitor com competência literária pequena; Nível 3 – leitura exploratória, leitor com competência literária razoável; Nível 4 – leitura interpretativa, leitor com competência literária razoavelmente extensa; Nível 5 – leitura letrada, leitor com competência literária extensa; Nível 6 – leitura acadêmica, leitor com competência literária muito extensa.

[3] É por isso também que, quando se ensina a ler, deve-se ensinar a fazer duas leituras: uma que consiste em "explicar o que o texto diz" e outra, "porque é que diz o que diz, ou seja, não deve apenas mostrar o sentido ou os sentidos do texto, mas a arquitetura do sentido, isto é, a organização do texto, bem como sua inserção num contexto e num intertexto" (Fiorin, 2004: 113). Além do mais, é a relação entre texto, contexto e intertexto que valida a leitura. Ainda conforme Fiorin, um texto pode permitir mais de uma leitura, mas não qualquer leitura, pois, afora as restrições presentes no texto que encaminham para determinada leitura, o leitor também precisa "relacionar o texto com o intertexto e com o contexto adequados" (Fiorin, 2004: 112).

[4] Os autores ainda argumentam que a literariedade assim concebida não é resultado de convenções sociais que identificam e valorizam determinado tipo de texto como literário ou do conhecimento dos gêneros e de outras características associadas à literatura obtido via escolarização, mas sim proveniente de "uma herança psicológica que envolve capacidades linguísticas, expressão de sentimentos e autopercepção" (Miall e Kuiken, 1999: 125).

[5] Vamos reproduzir aqui, assim como nos demais exemplos deste capítulo, com modificações, as leituras que fizemos no ensaio "O espaço da literatura na sala de aula" (Cosson, 2010).

Os modos de ler
da leitura literária

> Em relação aos professores e outros profissionais da leitura, o reconhecimento da competência que determinados textos demandam, pode ajudá-los a oferecer às crianças uma experiência de leitura mais rica, mais valiosa, tanto para fins didáticos quanto estéticos, tanto na prática cotidiana da sala de aula quanto na formulação de políticas públicas. Isto, porém, pressupõe uma crença (ou as diretrizes do currículo nacional) de que a compreensão mais profunda da literatura é um objetivo desejável em educação. Pessoalmente, eu acho que é um objetivo imperativo
> (Nikolajeva, 2010: 158).

Em *A literatura em perigo*, Tzvetan Todorov, renomado crítico e teórico da literatura, lamenta que o ensino de literatura tenha se perdido em métodos e aplicações de teorias em lugar da leitura das obras. Para ele, a análise das obras literárias na escola deveria ter como tarefa "nos fazer ter acesso ao sentido dessas obras – pois postulamos que esse sentido, por sua vez, nos conduz ao conhecimento do humano, o qual importa a todos" (Todorov, 2010: 89). Para chegar ao sentido de uma obra, Todorov diz que "todos os 'métodos' são bons, desde que continuem a ser meios, em vez de se tornarem fins em si mesmos" (Todorov, 2010: 90). Mas quais são esses métodos, esses modos de ler na escola que nos levam ao sentido da obra?[1]

Uma resposta imediata seria os métodos usados pela crítica literária. Dessa forma, estariam disponíveis para os professores e alunos no trabalho com o texto escolar as várias correntes teórico-críticas que vão do formalismo russo aos estudos culturais, passando pelo *New Criticism*, Estruturalismo, Hermenêutica, Semiótica, Estética da Recepção, Crítica de Gênero, Pós-Estruturalismo e tudo o mais que constitui a formação do professor de Letras. Todavia, bem o sabemos, isso não acontece. A começar porque nem mesmo nos cursos de Letras os alunos que serão os futuros professores recebem tal "treinamento". As escolas críticas são estudadas, é verdade, mas nem sempre praticadas. Além disso, ainda que essas práticas de leitura crítica fossem dominadas pelos professores, haveria que se questionar se esse conhecimento deveria se fazer presente nas escolas do ensino básico, quando o objetivo não é formar um profissional das Letras, mas sim um leitor literário competente.

Outra resposta seria a verificação dos programas e das práticas de sala de aula. Nesse caso, os modos de ler na escola têm sido amplamente condenados. São vários os estudiosos que mostram que o ensino de literatura no ensino fundamental se perde ao servir de pretexto para questões gramaticais, como era comum nos livros didáticos, ou para um hedonismo inconsequente, no qual a leitura vale pela leitura, sem nenhuma orientação. Trata-se, como já explicitamos em outro texto (Cosson, 2011), da divisão escolar entre leitura ilustrada e leitura aplicada. À primeira, notadamente nos anos iniciais do ensino fundamental, reserva-se a pura fruição das obras literárias, sem que esse exercício de leitura seja inserido em um processo verdadeiramente educativo. Já a leitura aplicada, mais forte nos anos finais do ensino fundamental, usa os textos literários para ampliar e consolidar a competência da leitura e da escrita, auxiliando o desenvolvimento cognitivo do aluno, como se observa em atividades de preencher fichas de leitura, responder questões de compreensão no livro didático, debater o tema do livro lido em casa, entre outras.

No ensino médio, a situação não é muito diferente, apesar da existência de um espaço disciplinar próprio. Aqui persiste o ensino de história da literatura ou mais precisamente de períodos ou escolas literárias, apesar das muitas restrições apresentadas a esse conteúdo e modo de ensinar literatura que ele costuma acarretar, ou seja, uma lista de traços característicos, seguida de outra lista de obras, biografia de autores e fragmentos de textos que "comprovam" os traços identificadores de cada período literário. No conjunto, tem razão Graça Paulino quando, após analisar os cânones estéticos e os cânones escolares na perspectiva do letramento literário, conclui que "os modos escolares de ler literatura nada têm a ver com a experiência artística, mas com objetivos práticos, que passam da morfologia à ortografia sem qualquer mal-estar" (Paulino, 2010: 161).

Uma terceira possibilidade de resposta consiste em localizar no espaço existente entre a academia e a escola esses modos de ler, buscando organizá-los dentro de um sistema coerente com seus fins pedagógicos. É isso que pretendemos realizar neste capítulo. Antes, porém, é preciso que fique claro que esse mapeamento tem caráter de constructo teórico, ou seja, trata-se de indicar as possibilidades de leitura da literatura e não revelar práticas efetivas de uso do texto literário. Além disso, essa categorização não tem viés prescritivo, isto é, não pretendemos com a descrição dos diferentes modos de ler subscrevê-los como os mais legítimos ou adequados, antes explicitá-los para que possam ser usados segundo os objetivos pretendidos em uma comunidade de leitores, seja aquela constituída pela escola, pela sala de aula ou por um círculo de leitura de "novos" amigos de infância.

Dentro desse horizonte, o primeiro passo na busca dos modos de ler (na escola e fora dela) que nos levam ao sentido da obra consiste em perguntar: o que lemos quando lemos o texto literário? Os caminhos da resposta passam pelos quatro elementos – leitor, autor, texto e contexto – e os três objetos – texto, contexto e intertexto – que constituem o diverso e multifacetado diálogo da leitura. Um objeto visto a partir de um elemento gera determinado modo de ler. Logo, temos para cada um dos três objetos quatro modos de ler. É assim que chegamos a doze modos distintos de ler a obra literária. Essa operação lógica, que parece uma fórmula matemática, fica mais clara quando visualizada no quadro a seguir:

O que lemos quando lemos o texto literário?

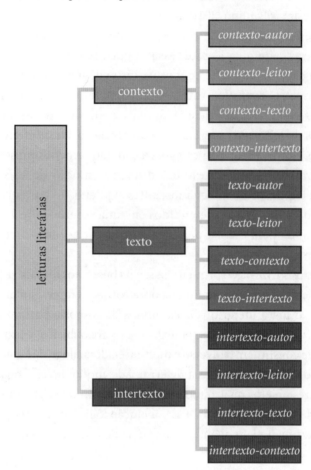

AS LEITURAS DO CONTEXTO

No capítulo anterior, distinguimos três dimensões para o conceito de contexto a partir de um núcleo básico de sentido que imbrica dois elementos: o texto, entendido como uma unidade central, e o contexto, concebido como o espaço no qual essa unidade está inserida. A partir dessa inter-relação identificamos o contexto com-o-texto, ao-redor-do-texto e além-do-texto.

Retomando essa concepção triádica, temos o *contexto-autor* como um modo de leitura que busca relacionar a obra literária com a vida do autor. Temos, assim, os estudos de cunho biográfico que traçam um paralelo entre acontecimentos na vida do escritor e a sua escrita, localizando as obras como produtos determinados por esses eventos, ou que buscam indícios ou elementos da vida do escritor na obra, fazendo do texto uma escrita essencialmente autobiográfica. Para além de uma relação causal grosseira, que levou à condenação do biografismo no campo literário, esse modo de ler pode gerar estudos bem informados de aspectos da elaboração das obras, os quais, sem o conhecimento de detalhes da vida do escritor, se perderiam ou quedariam inexplorados. É isso que fazem, por exemplo, os vários estudos que procuram explicar o processo criativo do autor por meio da análise de sua correspondência, diários e outros escritos, mostrando como a experiência é recriada e transformada em matéria literária. A vida do escritor é ainda uma fonte relevante quando se busca reconhecer determinada cultura ou compreender como uma cultura é vivenciada por um indivíduo. É o que fazem parte das leituras que identificam o autor como uma voz que representa a experiência de uma comunidade ou grupo social, tomando a sua obra como um testemunho literário dessa experiência. Essas e outras leituras do texto literário mostram que o modo de ler do *contexto-autor* é aquele que relaciona em lugar de separar o autor de sua produção, compreendendo que há entre eles laços que potencializam os sentidos da obra.

O modo de leitura *contexto-leitor*, por sua vez, presentifica-se na leitura que busca traçar paralelos entre a obra e o leitor ou procura identificar pontos de comunhão entre a obra e a história de vida do leitor, privilegiando conexões pessoais entre o que se está lendo e o que se viveu. Trata-se de um modo de leitura muito comum entre as crianças ou adultos quando estão em processo de aprendizagem da escrita. Os dados do texto ganham concreticidade quando o leitor consegue identificar nos eventos relatados algo que viveu ou que conhece da experiência de sua família. Também é um modo de leitura de quem deseja compreender melhor ou compartilhar determinados acontecimentos vividos, funcionando a obra como uma espécie de confirmação ou testemunho indireto do que foi ou está sendo vivenciado por aquela pessoa. Assim, o modo de ler do *contexto-leitor* pode ser algo bem simples, como ouvir e se emocionar com aquela canção que fala de um amor perdido no momento em que sofremos uma desilusão amorosa, ou algo um tanto mais complexo, como acontece no filme *Uma lição de vida* (Wit), de Mike Nichols, no qual uma professora de literatura inglesa, com diagnóstico de câncer, encontra um novo significado para a vida na leitura dos versos de John Donne. Todavia, para não cumprir um papel redutor dos sentidos do texto, isto é, para se evitar a relação direta que faz do vivido o que está escrito, essa identificação precisa ser olhada mais pela diferença do que pela semelhança. Uma leitura produtiva do *contexto-leitor* toma a conexão pessoal percebida pelo leitor como um ponto de partida para delinear um outro modo de ver e compreender aquela experiência recriada na obra. Afinal, se a vida do leitor é um contexto, a leitura continua sendo do texto.

A leitura do *contexto-texto* é aquela que procura no texto o que é dado pelo contexto já conhecido, ou seja, que toma a obra como uma confirmação do que já se sabe ou que se deseja reforçar, abordando-a pela sua temática, estilo ou gênero. É uma prática comum nos leitores voltados para temas religiosos, como acontece, por exemplo, com os livros espíritas, cujos enredos trabalham os pontos da doutrina em diversas narrativas. Nesse exemplo, o leitor busca uma comunhão de princípios e a leitura do livro é uma forma de compartilhar esses princípios. Também pode ser a leitura que se mantém dentro dos limites de um determinado tipo de texto, como a preferência que um leitor pode ter pelo gênero policial ou um gênero musical. Um problema desse modo de ler é a limitação de horizonte cultural que pode impor ao leitor. Outro é a perda da singularidade da obra que passa a ser lida em série pelo que repete de outras obras e não pelo que consegue dizer em si mesma. Todavia, o modo de ler do *contexto-texto* pode ser altamente produtivo quando o conhecimento temático ou genérico é usado para se adentrar de maneira mais profunda no texto, quando aquilo que é familiar é visto como uma primeira camada da obra e que outras mais densas precisam ser acrescentadas para compor o seu sentido. Dessa forma, longe de apenas esgotar a obra ou servir de consolação ao leitor, o conhecimento do contexto repetido pode ser um instrumento privilegiado para se compreender como uma das muitas possibilidades de um tema ou gênero se concretizou naquela obra. Um exemplo é a valorização que se faz do romance policial que subverte os paradigmas do gênero, tal como acontece com *Balada da praia dos cães*, de José Cardoso Pires (2000), lido como uma espécie de paródia desse tipo de narrativa (Castro, 2010; Cordeiro, 2010).

Há, por fim, o modo de ler do *contexto-intertexto* que objetiva ler a obra como um documento, isto é, a obra é um meio para se conhecer ou discutir questões da sociedade ou de algum saber específico que ela encena. É um modo de ler facilmente encontrado nas escolas dos anos finais do ensino fundamental, ensino médio e até mesmo cursos universitários. Para muitos professores, é a maneira de atrair o aluno para a leitura de obras clássicas que, de outra forma, poderiam ser recusadas. A leitura de *Lucíola*, de José de Alencar, abordando a questão da prostituição, é um conhecido recurso das aulas de literatura brasileira que empregam esse modo de ler. Nos cursos de Pedagogia ou de licenciatura, um filme como *Sociedade dos poetas mortos* (Dead Poets Society), de Peter Weir, é facilmente transformado em um debate ou até mesmo em uma lição sobre metodologia de ensino, assim como acontece com outros tantos textos que favorecem a abordagem de um saber específico. Em alguns casos, a questão debatida passa da condição de chamariz para centro da leitura e a obra perde sua condição de literária para adquirir uma função documental em termos mais restritos. Em casos extremos, o texto ganha o estatuto de uma espécie de enciclopédia, com os dados e as informações separados e isolados da sua elaboração, perdendo-se a oportunidade de se ler como aquela questão foi entretecida e ganhou singularidade naquela obra. Em outros, entretanto, o equilíbrio entre texto e contexto é mantido, funcionando a questão do debate como um intertexto a partir do qual a leitura é constituída. São nesses momentos que a leitura do *contexto-intertexto* apresenta seu melhor rendimento.

Em todos os quatro modos de leitura do contexto, o risco é sempre o abandono do texto em favor do contexto, passando toda a discussão da obra para os elementos que a acompanham, informam e localizam na cultura. A riqueza desses modos de ler é ver no contexto um espaço de interação entre leitor e obra, compreendendo que obra e contexto dialogam entre si no processo de leitura e esse diálogo é essencial para a construção da rede de sentidos do texto.

AS LEITURAS DO TEXTO

Ao tomar o texto como objeto de leitura, consideramos anteriormente a necessidade de se verificar a interação que há entre a materialidade física do texto e o olhar que o constitui como tal. É entre esses dois limites – a tessitura e o olhar do leitor – que se localizam os quatro modos de ler do texto. O primeiro deles é a leitura do *texto-autor*, ou seja, a leitura voltada para o estilo do autor, as marcas de sua identidade de escrita. Em termos técnicos, é a leitura que se faz para determinar a autoria ou pertencimento de uma obra cuja autoria é controversa. A análise dos traços estilísticos da obra permite que se atribua a obra a este ou àquele autor, tal como se faz com um quadro ou objeto de arte semelhante. Também é a leitura em que se busca mostrar a evolução da escrita de um autor, estabelecendo elos entre as obras iniciais e aquelas mais tardias ou, ainda, como um autor se apropria de uma matéria literária conhecida ou comum para com ela elaborar uma obra singular. O modo de ler *texto-autor* é, assim, uma demarcação do que é próprio da escritura de um autor, o que lhe garante singularidade na criação literária.

Outra leitura é a do *texto-leitor* que acontece quando o investimento da leitura vai para a trama, as imagens sensoriais, os efeitos da obra sobre o leitor. Esse é o modo de ler, por excelência, daquele que busca ser emocionalmente tocado pelo que lê. Um exemplo comum é a leitura que se faz dos *best-sellers* ou dos romances sentimentais e folhetins, usualmente publicados na forma de livros de bolso ou brochuras populares. É a leitura que se rotula comumente de entretenimento. Mas não é só. O modo de ler do *texto-leitor* é aquele que tem o texto como uma configuração de mundo, fazendo da leitura o desvelamento desse mundo. É por isso que se constitui em um dos encontros essenciais entre obra e leitor. Além do mais, apesar de ser associada a uma leitura meramente impressiva, logo superficial, a leitura do *texto-leitor* pode ser feita por meio de um mergulho profundo na mensagem da obra, mostrando que o texto vai muito além da superfície das palavras.

Há também a leitura do *texto-contexto*, que é aquela que analisa a materialidade da obra, observando aspectos que vão do papel ao projeto editorial, valorizando paratextos e outros elementos que compõem a obra. Trata-se, em alguns casos, de uma leitura comparativa entre duas ou várias diferentes edições que mostram como as mudanças no modo de veicular o texto podem afetar o sentido da obra. Um exemplo particularmente sensível são as obras de literatura infantil, como mostram dois estudos realizados sobre as diversas edições do livro de poemas *Ou isto ou aquilo*, de Cecília Meireles (Ferreira, 2009; Camargo, 1998). Em outros casos, consiste na verificação de como os paratextos – prefácios, advertências e similares – determinam o sentido do texto, recobrindo-os de uma pré-interpretação a ser assimilada ou recusada pelo leitor. As obras clássicas, mesmo quando endereçadas ao leitor infantil, costumam vir recobertas de prefácios ou introduções que nada dizem para aquele leitor, gerando um descompasso entre a narrativa (normalmente adaptada) e a sua apresentação formal. Outros casos, ainda, são aquelas leituras que buscam analisar a relação complementar entre texto verbal e texto visual para determinar como esse diálogo produz a obra, as leituras que se faz das capas dos livros e outras tantas possibilidades de sentido que se pode buscar no contexto da obra consigo mesma. Celia Belmiro (2010), por exemplo, faz uma leitura do *Vizinho, vizinha*, de Roger Melo (2007), com ilustrações do próprio autor, de Graça Lima e de Mariana Massarani, mostrando como o uso de cores e o estilo dos desenhos de cada personagem conduz parte dos sentidos da obra, de tal forma que, sem a leitura da interação entre imagem e escrita, o livro não teria o mesmo impacto estético, nem ofereceria tantos detalhes para a construção dos sentidos. Também uma obra clássica publicada com uma capa sem imagens, apenas com o título e o nome do autor e moldura em dourado, mantém uma outra relação com o leitor do que aquela que é publicada com fotografias de modelos vestidos à moda da época ou aproveitando fotogramas de um filme que fez a adaptação. Dessa forma, o modo de ler do *texto-contexto* pode ser tanto uma forma muito simples de adentrar no texto, tal como uma professora de educação infantil introduz um livro mostrando a capa para seus alunos e chamando a atenção para os aspectos básicos da edição, quanto um modo extremamente sofisticado de ler os diferentes modos de existência material de uma obra ao longo de sua história editorial.

Finalmente, a leitura do *texto-intertexto* volta-se para a língua literária da obra, como ela organiza os recursos estilísticos da linguagem para construir os seus sentidos. Nesse modo de ler, interessa verificar como os recursos dados pela linguagem – que é feita intertexto – são apropriados na tessitura da obra, como eles se desdobram e se renovam na singularidade daquele texto. É uma leitura que, por um lado, requer grande atenção para os detalhes de elaboração da obra, que toma como objetos de análise unidades menores como a frase ou o verso, realizando um trabalho minucioso de fragmentação e reunificação dessas unidades em camadas de sentido progressivamente mais densas. Por outro, demanda um relação íntima com a linguagem daquela obra e de outros textos a fim de que o trabalho de elaboração textual seja percebido em toda a sua singularidade. Quando feita sem esses cuidados, a leitura do *texto-intertexto* pode ser confundida com uma listagem de figuras e outros artifícios retóricos, supostamente responsáveis pela literariedade da obra. Quando se preocupa em articular os recursos analisados em um todo coerente, resulta em um raro trabalho de iluminação dos sentidos de um texto.

78 Círculos de leitura e letramento literário

Todos esses modos de ler o texto são, em geral, produtivos, mas correm sempre o risco de se perder nos meandros da análise, não conseguindo produzir uma leitura coerente para a obra lida, impossibilitando que seja vista como uma unidade de sentido. Em outras palavras, o mergulho nos detalhes e na materialidade da obra pode levar o leitor a identificar a especificidade dos elementos que a compõem, mas não o sentido que possuem no conjunto, tal como aquela pessoa que consegue ver a árvore, mas não consegue enxergar a floresta. O grande benefício dessas leituras é o trabalho textual intenso ao qual o leitor precisa se submeter, a manipulação consistente do texto em várias vertentes, o controle do olhar que constrói os sentidos do texto.

AS LEITURAS DO INTERTEXTO

Como já observamos no capítulo anterior, o conceito de intertexto recobre três diferentes acepções ou núcleos de sentido. Uma que se volta para o autor e sua relação com o discurso literário. Outra que é baseada nos indícios textuais, citações ou reelaborações de uma obra dentro de outra obra. Uma terceira é resultado da construção do leitor a partir de seu cabedal de leituras. Os quatro modos de ler do intertexto contemplam essas diferentes acepções e têm como limite o reconhecimento e o relacionamento entre os textos a ser feito pelo leitor, sem o qual todo o sistema de referência que constitui a intertextualidade fica perdido.

Na condição de objeto de leitura, o intertexto encontra um primeiro modo de ler na relação *intertexto-autor*. Trata-se do investimento que o leitor faz na biografia intelectual do escritor, na sua formação cultural e no rastro sutil que as leituras de outros textos deixaram na elaboração de sua obra. A leitura que se faz aqui é uma associação entre uma série de textos ausentes e o texto presente, compreendendo que esse diálogo entre eles não exige uma comprovação textual explícita, pois é concebida mais como uma filiação do que empréstimos ou apropriações. O objetivo do modo de ler do *intertexto-autor* é mostrar como o autor dialoga por meio de sua obra com uma série específica de textos aos quais ela se integra como um elo de uma corrente, dando continuidade, refazendo ou criando novas direções para o fazer literário.

O modo de ler *intertexto-texto* é o que identifica as referências a outros textos que compõem a tessitura da obra. Não basta, porém, a mera identificação de retalhos de outros textos, pois o propósito não é de estabelecer relações de empréstimo e subordinação entre obras. Ao contrário, o leitor estabelece a conexão entre dois ou mais textos para, por meio dela, reforçar, rever ou acrescentar novos sentidos. A presença explícita de uma obra em outra requer que o leitor dê atenção tanto ao recorte, ou seja, o que e como foi recortado da obra anterior, quanto à inserção, como a obra anterior foi inserida e absorvida na rede de sentidos da segunda. É por meio dessa dupla verificação que o leitor pode examinar o rendimento semântico de operações textuais como a paródia ou a paráfrase, a estilização e o pastiche, a alusão e a citação, a écfrase e a ilustração, entre tantos outros recursos presentes no modo de leitura do *intertexto-texto*.

A leitura do *intertexto-leitor* é aquela que aproxima a obra lida de outros textos a partir da história de leitura do leitor. Esse movimento de aproximação é sempre arbitrário, pois quando motivado por indícios textuais ou autorais incorre nos dois modos de ler anteriores. Essa arbitrariedade não significa, porém, que qualquer leitura pode ser relacionada, pois a aproximação deve ser justificada, isto é, o leitor precisa demonstrar como os laços são estabelecidos e eles precisam ter coerência entre si. Trata-se mais propriamente de fazer com que obras aparentemente distantes ou sem relação textual presumida dialoguem a partir do olhar de um leitor específico ou comunidade de leitores. É por essa razão que o modo de ler do *intertexto-leitor* é tão mais produtivo quanto maior for o cabedal de leituras dos leitores que realizam a aproximação entre os textos.

Por fim, o modo de ler *intertexto-contexto* visa identificar na leitura da obra os arranjos dos gêneros e dos estilos literários, isto é, como eles se fazem presentes naquela obra específica. Então, é o conhecimento do discurso literário que vai informar a leitura do texto, demonstrando como as marcas abstratas dos gêneros e dos estilos são concretizadas na obra específica. Não é o caso, porém, do exercício estéril de listar características para assumir essa ou aquela filiação genérica ou estilística. Ao contrário, o objetivo é analisar os sentidos da obra construídos em diálogo com o gênero ou estilo no qual pode ser inserida. É esse diálogo que faz com que cada obra literária seja única em sua construção, independentemente do seu rótulo ou categorização como romântica, realista, metaficção, romance histórico e daí por diante. Em outras palavras, a leitura do *intertexto-contexto* consiste em verificar os sentidos de uma obra pelo seu encaixe na moldura do gênero ou do estilo, configurando-a como uma atualização de suas possibilidades. É o que acontece, por exemplo, quando decido ler *Infância*, de Graciliano Ramos, como uma narrativa autobiográfica, em um determinado momento, e como romance de formação, em outro momento. A narrativa é, obviamente, a mesma, mas o sentido que dela emergirá depende em boa parte da categorização que foi feita.

O grande risco das leituras do intertexto é o excesso das referências, o risco de o leitor se perder em um mar de citações, fazendo da obra uma colcha de retalhos mal costurada de outros tantos textos. O leitor também pode não identificar adequadamente os outros textos que foram chamados para tecer a obra presente, gerando o apagamento de parte do trabalho intertextual ou privilegiando citações pouco relevantes. Não menos relevante é o risco de submeter uma obra a um texto anterior, fazendo dela uma mera imitação ou reflexo. Todos esses riscos são facilmente compensados pela riqueza das leituras do intertexto, da inserção do texto no caldo da cultura, no mundo dos textos, mostrando os fios de continuidade que fabricam, tecem, cortam, emendam e remendam, tal quais moiras incansáveis, os sentidos dos textos, da vida e do mundo.

UMA APLICAÇÃO: JOÃO PORÉM, O CRIADOR DE PERUS

Um professor de literatura não deixará de registrar que uma parte desses modos de ler pode ser ligada às teorias e correntes críticas do saber literário e outra parte às práticas cotidianas do ensino de literatura da escola básica. Não foi nossa intenção estabelecer essas conexões. Sabemos também que esses modos de ler passam por gradações que indicam leituras mais ou menos sofisticadas do texto literário, a depender do aporte teórico e metodológico utilizado durante a leitura. A leitura do *texto-leitor*, por exemplo, pode ser tanto uma simples leitura da trama, como se faz em um romance policial para descobrir o culpado, ou uma análise minuciosa dos vários elementos do texto que busca explicitar o efeito de suspense que ele pode causar sobre o leitor. Além do mais, é preciso observar que os modos de ler aqui mapeados não são exclusivos ou incompatíveis entre si, sendo perfeitamente possível visualizar desdobramentos em que dois ou mais modos são combinados na leitura de uma única obra. Também nada impede que uma obra seja lida sucessivamente enquanto texto, contexto e intertexto.

Para mostrar como esses modos de ler teoricamente elaborados podem ser aplicados a um texto literário, escolhemos o conto "João Porém, o criador de perus", do livro *Tutameia: Terceiras estórias*, de Guimarães Rosa (1976). A posição de Rosa em nossa literatura é de absoluto reconhecimento, por isso não vamos nos ocupar com apresentações nem considerações genéricas de crítica literária. O leitor interessado encontrará em bibliotecas universitárias e na internet inúmeros textos que analisam sob várias perspectivas os textos roseanos. Aqui nos interessa apenas o exercício da leitura literária, tal como estamos propondo neste capítulo. Isso não quer dizer que vamos ignorar a crítica sobre a produção do autor, de resto impossível em qualquer obra canônica que já chega até nós recoberta dos sentidos de sua consagração. Tanto assim que, apoiados em análises críticas direta ou indiretamente relacionadas ao conto, vamos realizar quatro leituras: uma leitura do texto-contexto combinada com o intertexto-leitor e que tem como centro a questão do *amor*; uma leitura do texto-intertexto, cujo ponto central de análise é o *engodo*; uma leitura do texto-leitor que trata da *diferença*; e uma leitura do texto-intertexto combinada com o intertexto-contexto centrada sobre a *ficção*.

O amor

Iniciamos a leitura centrada no amor a partir do *texto-contexto*, isto é, verificando a relação entre o texto e os paratextos. Apesar de contar com quarenta contos, são os quatro prefácios de *Tutameia: Terceiras estórias* que mais têm atraído a atenção dos seus críticos. Para muitos deles, os prefácios representam uma espécie de confissão do autor sobre sua obra, podendo servir a um só tempo de poética e método de leitura. Para Mary L. Daniel, por exemplo, "o que mais há de chamar a atenção do público neste seu último volume é a franqueza com que o autor se abre aos seus leitores nos quatro prefácios da obra, revelando em forma sucinta aspectos do seu ideário e dando-nos vislumbres íntimos do seu processo criador" (Daniel, 1968: 180). Assis Brasil, por sua vez, afirma que "nos prefácios de *Tutameia* [...] a estética de João Guimarães Rosa se transfigura na exposição do próprio autor, e com paciência o estudioso poderá relacioná-la a toda a criação do inventor de *Grande Sertão: veredas*" (Brasil, 1969: 66). Mais além, numa coerente visão do conjunto dos textos que compõem essa obra de Guimarães Rosa, Benedito Nunes explicita que "a função dos Prefácios não se esgota nesse mister de acesso às intenções das estórias e à linha característica dos personagens" (Nunes, 1976: 208). Para o ensaísta, ultrapassando essa leitura imediata,

> Prefácios e estórias formam um todo poeticamente ordenado. Nas estórias, a linguagem caminha num plano de criação e de recriação; os Prefácios contraponteiam esse plano, como se, à semelhança de metalinguagem, contivessem eles algumas das regras do jogo de linguagem que em toda a obra se desencadeia. (Nunes, 1976: 209)

Em suma, confissão, resposta à crítica e revelação do processo criativo, os prefácios, de uma forma ou de outra, terminam interferindo, de um modo muito determinante, na leitura dos contos de *Tutameia*.

Em uma hipótese simples, os prefácios seriam uma espécie de teoria do conto ou o conto segundo a perspectiva de Guimarães Rosa, com os contos funcionando como uma demonstração prática dessa teoria (Guarany, 1974). Procurando tornar mais complexa essa hipótese sedutora, Irene Gilberto Simões transforma os prefácios em uma "poética" roseana, cujo ponto central consiste em recusar "o realismo chão" em favor de "uma visão poética da realidade", isto é, na poética de Guimarães Rosa "a função da literatura é traduzir esse mundo mágico e romper com os planos da lógica por meio de uma nova expressão que o reflita" (Simões, 1988: 37). Mais adiante, a autora afirma ainda que "prefácios e estórias perfazem o mesmo percurso lúdico, cujo princípio encontra-se na deformação da aparência, na transfiguração do cotidiano com vistas a uma verdade mais profunda" (Simões, 1988: 51). Como se pode perceber, o caminho sugerido por Simões reforça a proposição de que Guimarães Rosa é, no dizer de vários críticos, um autor metafísico e coloca como horizonte de leitura para os contos de *Tutameia* a demanda do transcendente.

Essa posição é explicitamente assumida por Paulo Rónai, que reordena os contos do livro seguindo o critério da "antonímia metafísica". Para o crítico, o conto "João Porém, o criador de perus" pode ser inserido no grupo de histórias do livro em que "o que não é passa a influir efetivamente no que é, a moldá-lo, a mudar-lhe a feição". Com isso, a narrativa sobre João Porém pode ser sintetizada como a história de "alguém (que) cria amor e mantém-se fiel a uma donzela inventada por trocistas" (Rónai, 1969: 200).

Segundo essa indicação do estudo de Rónai, o qual a partir da terceira edição passa a acompanhar a obra, podemos ler o conto numa perspectiva metafísica em relação ao protagonista e o conflito amoroso que vive. Em um plano imanente, a história de João consistiria no amor impossível de se concretizar por Lindalice. A moça inventada tanto por troça quanto por inveja e ambição era amada "por fé", isto é, confiando-se apenas na descrição feita por aqueles que lhe ambicionavam o negócio. O extraordinário está não só na crença ingênua do apaixonado, mas também na recusa das facilidades que lhe oferecem para encontrá-la – "arrendar-lhe-iam o sítio, arranjavam-lhe cavalo e viático [...]" (Rosa, 1976: 75) – e prefere guardar o amor da moça na memória. Mesmo quando resolvem desfazer a ilusão criada, ele se recusa a aceitar a inexistência de Lindalice, muito menos aceita a substituição da amada por outra moça que lhe é fisicamente semelhante, embora aceite sua suposta morte.

Posta nesses termos, a história amorosa de João Porém remete de imediato ao amor platônico e aqui nos apoiamos também no modo de ler intertexto-leitor. O uso comum da expressão refere-se ao amor que não tem contato sexual ou físico e parece ser esse o caso do protagonista. Todavia, o que sustenta esse obstinado amor de João? Seguindo essa direção e os comentários do narrador, vamos encontrar uma resposta que nos encaminha para um outro plano de existência, o plano do transcendente, do metafísico. Essa leitura encontra-se estreitamente ligada ao outro sentido do amor platônico, aquele que se refere ao filósofo grego. O amor para Platão, em rápidas palavras, conforme se pode ler no diálogo *O banquete*, consiste numa sublimação em espiral do sentimento terreno à contemplação da ideia do amor. Essa parece ser uma origem possível para a "paixão imóvel" de João Porém.

Assim, já no início do conto, somos informados de que João cresce, a despeito de limitações físicas, "sensato" e "saudoso". De onde vem essa saudade de João? De que tem saudade João? Mais adiante, frente à notícia do amor e da moça, o narrador insiste na saudade ao revelar que João "precisava daquilo para sua saudade sem saber de quê, causa para a ternura intacta" (Rosa, 1976: 75). Talvez, como propõe a teoria platônica, João, que nascera com a imagem do amor guardada na memória, encontra na inventada Lindalice mais que a esfera do sensível. Na verdade, a notícia do amor vai direto para o inteligível: é a fonte de sua saudade inexplicada. Consequentemente, não há o que se estranhar no fato de João não partir em busca da amada. O enigma existe apenas para aqueles que, como os invejosos moradores da aldeia, só entendem o amor no plano do sensível, pois, como ensina Camões, "Transforma-se o amador em cousa amada,/ Por virtude do muito imaginar;/ Não tenho logo mais que desejar,/ Pois em mim tenho a parte desejada" (Camões, 1982: 163). Tudo isso está sintetizado numa fórmula que poderia ser propriamente designada como platônica: "porque amar não é verbo; é luz lembrada" (Rosa, 1976: 75). Saciado pela lembrança do amor em sua plenitude, João já não precisa comprová-lo no plano terreno, mesmo assim não pode esquecer a moça que lhe despertou tal lembrança. Por isso, a despeito das tentativas de fazê-lo desacreditar do amor, seus adversários não logram nenhuma vitória. João simplesmente "indestruía-a".

Outro percurso que nos leva ao transcendente está na epígrafe que, se unida a um trecho do prefácio *Sobre a escova e a dúvida,* parece constituir uma das chaves interpretativas do texto:[2] "Se procuro, estou achando, se acho ainda estou procurando? Meu duvidar é da realização sensível aparente – talvez só um escamoteio das percepções. Porém, procuro cumprir. Deveres de fundamento a vida, empírico modo, ensina: disciplina e paciência" (Rosa, 1976: 148).

O narrador, com o caso não cabendo em sua cabeça e possuído da dúvida da busca (de sentidos?), como explicita no dístico da epígrafe, põe em discurso o vivido, dando-lhe, assim, a dupla dimensão necessária a uma organização mais complexa do conhecimento. A conclusão é de que a vida de João continha uma lição, pois "fôra ali a mente mestra", ainda que os outros não houvessem aprendido nada, apenas os "poréns". O narrador achou a sua lição na dúvida, resta ao seu leitor acompanhá-lo e buscar a sua própria. Como no último prefácio de *Tutameia,* o seu caminho consistiu em "duvidar da realidade sensível aparente – talvez só um escamoteio das percepções". A lição aprendida com o caso de João está na sua exemplaridade, onde se pode encontrar "deveres de fundamento a vida, empírico modo, ensina: disciplina e paciência", mas também no fato de que no tênue limiar que separa o grotesco do sublime reflete-se, por um triz, a coerência do mistério geral que nos envolve e cria. Em suma, por essa vertente, tem-se que repetir, mais uma vez o autor no prefácio Aletria e Hermenêutica, "a vida também é para ser lida" (Rosa, 1976: 4). Para aquele que, como os moradores da aldeia, vê apenas uma trivial causalidade na vida e no amor de João Porém, deve-se repetir a pergunta que Diotima, em *O banquete,* faz a Sócrates: "pensas que é banal a vida de um homem que, elevando os olhos para o alto, pode contemplar a beleza e viver dessa contemplação?" (Platão, 1968: 96).

Observe o leitor que para realizar essa leitura partimos, com ajuda da crítica, da relação entre os prefácios e o conto, caracterizando a abordagem texto-contexto, ou seja, aquela que busca relacionar o texto ao contexto, representado no caso pelos prefácios. É a leitura dos prefácios que nos aponta como chave interpretativa do conto a metafísica e a transcendência. Depois, para reforçar essa indicação, recorremos aos textos de Platão e Camões. O texto filosófico pode ser visto como uma alusão, mas o poema vem de nossa história de leitor, por isso caracterizamos a leitura como do intertexto-leitor. Ao final, retomamos, novamente com ajuda da crítica, o modo de ler texto-contexto, utilizando outra vez o prefácio e acrescentando a epígrafe como contextos para a interpretação do conto.

O engodo

Para ler o engodo, vamos adotar o modo de ler texto-intertexto, que busca nos próprios mecanismos de linguagem do texto uma passagem para a sua interpretação. É essa a proposta de Willi Bolle (1973) ao realizar uma análise mais voltada para os aspectos formais-textuais da obra roseana do que para as questões filosóficas e metafísicas que pode suscitar.

Seguindo essa perspectiva, o conto "João Porém, o criador de perus" estaria inserido no quarto núcleo narrativo de *Tutameia,* aquele em que "o protagonista é acossado por uma dificuldade, ameaça ou desgraça. Recorre à imaginação, desejando que a solução imaginada se realize. Mas a realidade não se inclina diante da fantasia". Nesse núcleo, o autor apresentaria uma posição "cética em relação ao imaginário coletivo" (Bolle, 1973: 130) e os pequenos problemas da vida cotidiana ("tutameiices") podem se transformar em grandes problemas quando a fantasia e o devaneio substituem o enfrentamento da realidade. O conto é, então, sintetizado pelo crítico, da seguinte maneira:

> João tornou-se rico, criando perus, o que causa a inveja dos outros. Querem que ele abandone esse trabalho e, por isso, inventam uma moça, Lindalice, que – dizem – gosta dele. João ouve e se apaixona por ela – porém continua criando perus. No fim, vem o desmentido: fazem morrer a moça imaginada. João Porém lamenta-se: *"Tanto acreditara?"* Por fim morre. (Bolle, 1973: 132)

Coerentemente com a proposta de leitura de Bolle, a questão do amor é aqui deslocada em favor da relação entre João e os moradores da aldeia. O enfoque é na relação social e por essa mesma relação social o conto é analisado. Essa interpretação encontra apoio textual na oposição existente entre João, o indivíduo, e os moradores, representantes do coletivo, cujas ações buscam continuamente influir e determinar a vida de João. É o que pode ser percebido no frequente uso dos verbos na terceira pessoa do plural a partir do quarto parágrafo – o invejavam, vexavam-no (a vender), tornavam (a insistir na venda), desistiram (de insistir), lesavam-no (nos negócios), abusavam (de seu horror a surpresas), incutiram-lhe (a inexistente moça), instavam-no (a ir ver a moça), arrendar-lhe-iam (o negócio), arranjavam-lhe (cavalo). Embora permeável à força do coletivo, porém, ele resiste.

Outro índice textual importante nessa leitura é a cobiça dos moradores. É ela o motor da história. Invejando João por ter ficado rico por meio de uma atividade desprezada pelos outros, eles tentam, num primeiro momento, forçá-lo "a vender o pequeno terreiro, próprio aos perus vingados gordos". A resistência de João os desencoraja. Recorrem a outros expedientes, como ludibriá-lo na venda dos perus e ameaçá-lo com pestes. Um desses ardis funciona pela metade – a moça inventada passa a ter existência para João. Daí o outro lado do conflito: acossado pela cobiça constante dos moradores, João aceita a imaginada moça, isto é, tenta resolver pela fantasia a realidade que lhe é adversa. Parcialmente vitoriosos, os moradores "de dó ou cansaço, ou por medo de absurdos" retrocedem. Porém, já não há volta para João. Para ele restou, nas palavras do crítico, "a resignação e o fracasso do imaginário" (Bolle, 1973: 133). Para eles restou, como aos perus, a repetição do refrão "Porém! Porém [...]".

Seria essa a lição a ser aprendida com o conto? Costurando as proposições do ensaísta sobre o todo de *Tutameia*, talvez pudéssemos dizer que, como em outros contos, a solução encontrada para João não é uma solução real, mas uma projeção de seu desejo (de dar um sentido à vida através do amor, de ter um amor) que é também, por outras razões, o engodo promovido pela coletividade (dar a João um amor ainda que inventado para poderem lhe roubar o negócio). Como são frutos do imaginário, as duas soluções não chegam a bom termo. Os moradores não conseguem afastar João de seu negócio, nem mesmo demovê-lo do amor inventado. A aceitação da moça apaixonada não traz a João uma melhor relação com a coletividade. E isso porque João, com todos os seus "poréns", estava irremediavelmente desajustado em um mundo que lhe escapava à compreensão. Um mundo em que não consegue se orientar e atuar adequadamente porque utiliza como mediação o engodo da imaginação.

A diferença

Para falar da diferença, escolhemos como modo de leitura o texto-leitor, isto é, vamos analisar a trama da história para tentar encontrar o que o mundo do texto nos diz hoje. Dessa maneira, sem deixar de considerar as leituras anteriores, lemos a narrativa de João Porém como um embate entre a diferença e a normalidade. A começar pelo nome da personagem que é, como diz o narrador, "indistinguível" de seus predicados físicos e morais. Dessa maneira, o "porém", resultado da disputa entre pai e mãe, caracterizaria, desde já, o ser de João. A descrição feita pelo narrador poderia ser lida entremeada de *poréns*: "sensato, [porém] vesgo, não feio, [porém] algo gago, saudoso, [porém] semi-surdo" (Rosa, 1976: 74). A estes primeiros termos poderíamos ainda acrescentar "desprendado quanto ao resto" porém votado aos perus, próspero porém fraco, prudente porém ingênuo, determinado porém assustado. A lista não está completa, mas é suficiente para se dizer da duplicidade da personagem, ou de seus *poréns*.

Uma característica, no entanto, não tem contrário em João: é a sua fidelidade. Fidelidade não só ao amor à Lindalice, a moça inventada pela inveja e pela cobiça, mas aos perus que recebera de herança. É essa extrema fidelidade ao que lhe ofertam que dá força a João, que o faz **diferente**. Na sua passividade, João se revela maior que os moradores criando um eixo interior para sua vida. Nesse sentido, não importa que o trabalho "de criar perus, os peruzinhos mofinos, foi sempre matéria atribulativa, que malpaga, às poucas estimas", como também não importa que a moça não exista ou tenha morrido, pois ele "aceitara-a, indestruía-a". O importante era a verdade construída pela fidelidade ao recebido gratuitamente, ao que para os outros não tinha valor, mas que para ele era a razão de viver.

Dessa maneira, João resistia às investidas dos moradores, para quem "qualquer certeza seria imprudência", mais por fidelidade aos perus herdados que pela riqueza que eles lhe proporcionavam. Igualmente, o amor da moça inventada ganha sentido por ser um sentimento que o preenche – "precisava daquilo, para sua saudade sem saber de quê, causa para ternura intacta" (Rosa, 1976: 75) – e não pela possibilidade de concretizá-lo. Os moradores, por sua vez, não compreendem essa fidelidade e buscam "normalizar" o comportamento de João. A venda do negócio e o amor de uma moça distante são as estratégias dessa normalização. Do mesmo modo, é o medo do absurdo, auxiliado pela importância econômica de João, que os fazem

88 Círculos de leitura e letramento literário

retroceder e tentar corporizar Lindalice noutra moça. O insucesso de suas tentativas parece indicar uma vitória de João sobre os moradores da aldeia.

No fim do conto, o narrador lamenta que a lição de vida de João não tenha sido adequadamente percebida: "Ele fôra ali a mente mestra. Mas, com ele não aprendiam, nada" (Rosa, 1976: 76). Através da sua vida voltada aos perus e à amada inexistente no concreto, João deveria ensinar aos seus vizinhos a força que a dedicação e a fidelidade podem conferir ao que é pequeno ou falso. Ensinar a virtude do viver para além do momentâneo e do efêmero, num projeto algo estoico. Ensinar, talvez, a transcendência que o gesto humano pode conceder às coisas ínfimas, tornando-as grandes. Lição não aprendida, talvez até porque João, algo gago e semissurdo, não usa a palavra para expressá-la, mas a própria vida. Faltam aos moradores da aldeia os instrumentos necessários para entender o significado da vida de João. Presos às suas percepções mesquinhas só viam a realidade imediata. Como os perus, o contato com João não os ensinava, de João só viam e aprendiam os *poréns*. Mas, a lição referida pelo narrador no final do conto – lição que não fora aprendida pelos moradores, mas da qual João fora mente mestra – seria essa onde o indivíduo, *a diferença*, vence pela fidelidade aos seus valores e achados as forças coercitivas dos preconceitos, da inveja, da troça e da cobiça encontradas no social, na semelhança?

Como se pode verificar, a leitura do conto por meio do modo de ler texto-leitor não recusa as contribuições da crítica. Também não deixa de verificar os elementos que compõem o texto. O que faz é procurar um caminho próprio entre as muitas possibilidades de interpretação oferecidas pelo texto, sem se comprometer com uma trilha dada *a priori*. Um caminho que é daquele leitor, naquele momento.

A ficção

Finalmente, para a ficção, vamos realizar uma leitura do texto-intertexto, que se ocupa com o conto enquanto uma narração, verificando a sua construção enquanto narrativa literária. É assim que, procurando fugir ao círculo sedutor da história, ao mesmo tempo que nos aprofundamos nela, vamos analisar o discurso construído pelo narrador.

O conto "João Porém, o criador de perus" introduz o narrador buscando estabelecer o pacto narrativo: "agora o caso não cabendo em nossa cabeça" (Rosa, 1976: 74). O uso do "nossa" e a própria inquietação traduzida pelo "não caber na cabeça" convida o leitor a compartilhar a história, como se ela precisasse ser contada para ganhar um sentido que o emaranhado dos pensamentos não permite. A vida feita palavra. A vida é também para ser lida?

Aderindo à imediatez do pacto, penetra-se na história e nas questões do amor, do engodo, da diferença, do sentido da vida de João Porém, enfim. É possível, contudo, recusar esse caminho e buscar apreender a ficção nas manobras discursivas do narrador. A esse respeito, analisando as perspectivas narrativas em *Tutameia*, Simões observa que nesses contos "chama-se a atenção para o fato de que se está contando uma estória", com isso "o narrador acumula duas funções: a de contador de estórias e a do comentarista que analisa as situações, filosofa sobre o assunto, trazendo o leitor para o presente, o tempo da enunciação" (Simões, 1988: 176-7). De fato, em "João Porém, o criador de perus", o narrador vai aparecer em diversos momentos comentando e "filosofando" sobre a história. Então, cumpre indagar: quais são e para onde nos levam seus comentários?

Em primeiro lugar, chama a atenção que vários desses comentários sejam realizados por meio de provérbios desconstruídos ou, mais largamente, expressões aforismáticas recolhidas, transformadas e criadas pelo autor. Depois, sendo voz do narrador, porém não narração da história, eles parecem substituir estrategicamente o diálogo das personagens, facilitando, assim, a condensação da história. Por fim, essa voz, que assume o discurso anônimo da criação popular, recobre a história de dobraduras e vazios enigmáticos pelo próprio ato de se comunicar através de meias palavras que bastam apenas para bons entendedores. As expressões aforismáticas assumem, por essa via, o papel de entroncamentos narrativos, onde o leitor é obrigado a parar e escolher para onde vai sua leitura. Não há, entretanto, nenhuma indicação segura de direção nos provérbios roseanos; até porque é através desse artifício de linguagem que o narrador garante a eficácia de seu discurso e, consequentemente, do pacto que propõe e assina com o leitor. Como ilustração, vejamos como a leitura de algumas dessas expressões pode ser operacionalizada.

Considerando os significados de acontecimento imprevisto, ação arriscada, acaso e sorte da palavra aventura, a expressão "a aventura é obrigatória" pode significar tanto o destino que parece fazer da vida de João Porém sinônimo de solidão e disputa – no nome e na querela dos pais, no convívio social, na forma de amar – quanto a própria consciência do narrador que sabe necessitar de uma aventura, de uma fábula qualquer para poder falar. O determinismo impresso na fórmula coloca, ainda, uma questão a ser respondida pelo leitor: há um destino a ser cumprido ou o primeiro passo, a primeira encruzilhada é que determina a continuidade do viver? Colocando nos termos da história: João cumpria um destino ou é a sua fidelidade aos perus e à mulher amada que o levam para o distanciamento dos outros?

A expressão "o pão é que faz o cada dia" (Rosa, 1976: 74) remete, num primeiro momento, para o cuidado que João dispensa aos perus. Esse trabalho o faz rico e próspero, distinguindo-o na sua comunidade. Desse modo, João parece driblar o destino que o deixara órfão e com parcos meios de sobrevivência ou sucesso. Porém, o pão, que une o trabalho ao seu resultado, traz também, ao lado da prosperidade, a inveja e a "tragédia" amorosa de João. A criação de perus, portanto, termina por fazer a vida de João. Também o trabalho do narrador determina não só a sua existência como também a sua identidade. A cada palavra escolhida, a cada frase encadeada, a cada história um novo rosto que, se participa da essência do autor, não pode e não deve ser a ele assimilado. Conflito de identidade? O narrar numa mesma, porém única, maneira é que faz cada narrador. Novamente, outra pergunta se impõe ao leitor: a identidade de um indivíduo está ligada ao que ele faz ou possui uma essência que supera o fazer? A fidelidade de João se constrói na criação de perus ou é parte de sua personalidade?

Já a expressão "o que não quer ver é o melhor lince" (Rosa, 1976: 75), juntando dois provérbios – "pior cego é o que não quer ver" e "fulano tem olhos de lince" – insere-se de modo curioso no contexto da história. Por um lado, pode ser entendida como uma referência à persistência de João que insiste, apesar de todos os desmentidos, em continuar apegado à imagem construída da moça. Por outro, pode ser vista como parte da superioridade de João sobre os seus vizinhos que só viam o imediato ou o "normal". Como um lince que vê através de paredes, João sabe reconhecer no sentimento e na sua fidelidade a ele a sensação superior do amor totalizado. Vê, portanto, através da moça inventada a verdade do sentimento que, para ele, importava sentir, não em ser retribuído. Afinal, na fórmula platônica do narrador, "amar não é verbo", isto é ação, "mas luz lembrada", um estado de contemplação. Qual é, então, a direção do sentido da expressão? A recusa de uma verdade ou a negação da superfície e da aparência em busca da essência? João é um pobre coitado, como querem alguns dos leitores dessa história, ou é alguém que vê mais e, por isso, vai mais longe em seus sentimentos? A história de João pode ser compreendida como um conflito entre a essência e a aparência do ser?

Como se pode verificar, os caminhos de leitura indicados pelas construções aforismáticas são variados e suscitam interpretações diversas. Percorrer todas essas pistas em busca dos sentidos do texto constituir-se-ia aqui numa faina extenuante e, a partir de certo ponto, improdutiva. Dessa forma, parece ser mais interessante perceber que, como recurso narrativo, o uso reiterado das expressões aforismáticas tem como consequência final a sobrelevação da história, aproximando-a de um discurso metafórico ou filosófico.[3] Discurso opaco corresponde a história ambígua. Assim, ambígua, a história pode ser recoberta de várias interpretações numa circularidade própria do ficcional, onde a verdade do narrado é sempre maior que a do vivido.

Aceitando o pacto, mas prestando maior atenção às palavras que o enunciam, percorrendo o discurso do narrador sem a pretensão de decifrá-lo em sua plenitude, onde poderemos chegar? Talvez numa narrativa que se queira fazer funcionar como um provérbio. Como um provérbio, a história "João Porém, o criador de perus surge" no discurso do narrador sem as amarras do particular e do concreto. Como um provérbio, a narrativa incorpora e ultrapassa as estruturas do conto popular, da fábula, da parábola e do mito sintetizando-os num perfeito domínio da forma. Daí não faltar ao texto a possibilidade da sentença moral, da lição a ser ensinada no final, da dimensão alegórica e metafísica, da crítica à sociedade. Até porque o narrador, através dessa construção engenhosa, parece ambicionar que sua história seja, como um provérbio, aplicável a diversas situações. Seria essa a lição que os moradores, não como coletividade, mas como indivíduos, ouvintes-leitores, não aprenderam? Seria essa a constituição última da anedota abstrata? Um triunfo da literatura sobre a representação do mundo e a babel dos homens?

Propositadamente, escolhemos um texto literário reconhecidamente complexo para apresentar o alcance dos nossos modos de ler. O leitor pode fazer objeções à categorização de uma leitura que se efetiva a partir de dois modos de ler, como fizemos para o tópico O amor. Pode considerar que identificar um único modo de ler é uma simplificação da interpretação feita, como poderia ser o caso de A ficção. Também pode discordar da classificação do modo de ler para a interpretação feita em A diferença, sugerindo outra que julgue mais adequada. Pode, ainda, identificar o modo de leitura indicado com uma corrente crítica específica, a exemplo da interpretação com fundo estruturalista de O engodo. Essas e outras objeções são bem-vindas e fazem parte de um debate que julgamos produtivo em torno da proposta. Todavia, como já dissemos no início do capítulo, não se pode esquecer nesse debate que nosso objetivo não é produzir uma classificação que contemple as muitas possibilidades da leitura literária, uma taxonomia que operacionalize os modos de ler da literatura. Ao contrário, o desafio é estabelecer alguns parâmetros – baseados nos elementos e nos objetos da leitura – para que possamos identificar o que estamos lendo quando lemos uma obra literária.

Muitos problemas que enfrentamos no ensino da literatura advêm da dificuldade de identificar, compreender e, na medida do necessário, separar esses modos de ler. Em alguns momentos, o professor quer que o aluno leia o texto via intertexto-texto, mas ele lê via contexto-texto e essa leitura é rejeitada como incorreta; ou o professor lê o texto usando o modo intertexto-contexto e o aluno não consegue acompanhar a leitura feita. E assim por diante. Para começar a fazer da leitura literária na escola (e fora dela também) um diálogo, uma conversa com a experiência do outro – que é de fato o que define a leitura – cumpre, portanto, em primeiro lugar, esclarecermos sempre o que estamos lendo quando lemos um texto literário e o modo como realizamos essa leitura. Até porque, como aprendemos com certo bibliotecário argentino, a literatura, assim como os labirintos, tem muitas entradas e uma saída que precisa se construída na própria caminhada da leitura – a interação verbal profunda que toda leitura literária requer.

FÁBULA 4
A LEITURA DA VIDA

Ele nunca soube ao certo porque aceitara visitar a vidente. Nunca gostara de cartomantes, nem curandeiros, nem orações. Quando criança tinha pavor dos ciganos porque haviam advertido a mãe de que eles raptavam crianças e ela infundira nos filhos todo o horror que sentira com tal informação. Já adulto, as poucas vezes em que vira as mulheres caracteristicamente vestidas de ciganas e pedindo para ler a sorte nas ruas o fizeram tomar um caminho diferente. Preferia não passar perto delas, não porque acreditasse na fama de embusteiras com que as pessoas as costumavam rotular. Achava que isso era uma forma antiga de se defender dos forasteiros e que continuava a vicejar mesmo nas cidades grandes. Preconceitos tão arraigados que muitos nem percebiam veicular.

Era simplesmente uma questão pragmática. Não acreditava em leituras de mão e não queria perder tempo com aquilo.

Crescera numa família católica e aos domingos costumava ir à missa, um hábito que abandonou no secundário e a ele nunca mais retornou. A faculdade, o emprego e outras vicissitudes de um cotidiano sempre corrido haviam contribuído para que perdesse a fé. Como sempre respondia quando indagado, respeitava e até admirava a religiosidade dos outros, mas simplesmente perdera a fé e não tinha interesse pelo lado social das igrejas.

Certa vez tivera uma namorada que jogava tarô. Fora no último ano de faculdade. Ela ficava horas e horas estudando as cartas e costumava fazer performances nas reuniões dos amigos. Nunca, porém, aceitara que ela lhe lesse a sorte. Quando terminaram a relação, ela pareceu surpresa e ele se perguntou por que o tarô não lhe ajudara a perceber que eles estavam no fim. No trabalho, notava que algumas colegas consultavam a página do horóscopo e achava engraçado como pessoas com nível de formação superior levassem a sério essas crendices populares. Também não ignorava que alguns colegas guardavam, a título de coleção, amuletos e objetos que supostamente os protegiam ou traziam sorte. O chefe mesmo tivera um ataque quase histérico quando a faxineira sumira sem perceber com um pedaço de rocha que ele trouxera de uma visita ao México. A mulher se justificou dizendo que simplesmente limpara a mesa e achara que a pedra era lixo. Ouviu a justificativa e deu razão para ela, afinal em uma empresa de construção civil pedra solta pelos cantos era o que não faltava.

Por tudo isso, quando a noiva pediu que fossem juntos a uma vidente, o primeiro impulso foi recusar. Depois, uma pilhéria ainda lhe veio à mente, mas evitou falar para não ferir os sentimentos da noiva. O amor tem dessas coisas: torna possível o que antes se julgava impossível fazer ou aceitar. Disse sim e não quis mais pensar no assunto até o momento em que se viram na porta da loja de velas, incensos, imagens de santos, oferendas e outros tantos produtos religiosos. As prateleiras estavam repletas de objetos de diferentes credos e o local pequeno deixava pouco espaço para a circulação dos fregueses frente tanta mercadoria. Agora não havia mais como recuar. Era preciso ir em frente e certamente ouvir uma história padrão que a vidente deveria contar para todos os clientes sobre dificuldades presentes e vitórias futuras.

No fundo da loja, uma mulher magra, morena, com grandes olhos castanhos escuros os esperava sorrindo calmamente. Ela abraçou a noiva e suas mãos secas acariciavam as costas dela com uma ternura que lhe pareceu estranha e descabida, embora soubesse que já estivera ali pelo menos duas vezes. Fora antes e depois da morte da mãe e tivera grande conforto, apesar da notícia antecipada, daí a insistência da noiva na consulta antes do casamento. Quando chegou a vez dele, a mulher segurou suas mãos entre as mãos dela, olhando nos seus olhos como se o conhecesse de muito tempo e quisesse recuperar algo perdido no passado. Em seguida, a vidente pediu que a noiva aguardasse ali e sem soltar a sua mão o conduziu por um corredor estreito para outro cômodo que parecia uma sala de jantar desprovida de qualquer adereço. A mulher sentou numa ponta da mesa e pediu que ele sentasse de frente para ela. Ficaram em silêncio por alguns minutos de olhos fechados e então ela disse:

– Você não queria vir, mas precisava ter vindo.

Essas palavras o deixaram um pouco desconfortável, mas o que veio depois foi o que realmente o assustou. Com voz baixa, porém firme, a vidente continuou dizendo que aquela não era a mulher da sua vida. Havia amor sim, muito amor, mas às vezes o amor não é o bastante. O casamento iria trazer muita dor para os dois, era melhor que não fossem adiante. Pensou em perguntar de onde vinha aquele disparate, mas não teve tempo. Depois disso, a mulher falava e olhava para ele, falava e olhava para ele, falava e olhava para ele desfiando sua vida pregressa e a futura em gestos, alegrias, medos, dúvidas, tristezas, certezas, anseios e acontecimentos tão acurados quanto podem ser as histórias sem nomes, locais ou datas. Toda sua vida e seus sentimentos traduzidos em palavras simples, mas verdadeiras, ele se reconhecendo por inteiro na tessitura da vidente.

Anos mais tarde, divorciado e recolhido dos jogos do amor, passou pela porta da loja e lembrou-se da visita à vidente. Naquele instante, a visão dos badulaques expostos de forma tão desordenada e o espaço diminuto reservado aos clientes cortou sua memória como uma lâmina fina e longa penetra no corpo. Junto com as palavras da mulher novamente ecoando em sua mente veio a compreensão iluminada de que naquele dia a vidente lera nele sua vida, que ele fora um texto, que no seu corpo e nas suas palavras estavam escrito o que vivera e o que provavelmente viveria, que todos nós somos, de alguma forma, um livro à espera de ser lido, de ser interpretado – livro que precisamos aprender a ler e deixar ser lido assim como somos leitores do que vivemos e do que pretendemos viver – leitura que pode antecipar uma história e continuar a se processar mesmo depois que ela acaba.

NOTAS

[1] Retomamos aqui um primeiro esboço dos modos de leitura literária na escola apresentado na XI Semana de Letras da PUC-RS (Cosson, 2011).

[2] A junção dessas duas partes foi feita anteriormente por Dirce Côrtes Riedel para explicar que "a dúvida confessada, como busca de mais certeza, é condição essencial da maioria dos personagens roseanos" (1987: 76); no caso de Riobaldo, personagem-narrador, "o jagunço-narrador é professor ardiloso: propõe um projeto de leitura a seu interlocutor, exigindo-lhe que seja um leitor crítico e organize por si mesmo o conhecimento" (Riedel, 1987: 77). Embora específica de *Grande Sertão: Veredas*, essa situação narrativa parece-nos também possível de ser lida no conto de *Tutameia*.

[3] Luís Costa Lima (1974) destaca que, através dos aforismos, o narrador de Guimarães Rosa estabelece uma ligação entre o "social" e o "cósmico", entre a "vida miúda", ocupada pelas preocupações do dia a dia, e a "vida maior", ocupada pelas grandes questões, dúvidas existenciais dos personagens. Nas palavras do ensaísta, "o provérbio funciona como o elo que reúne o contingente, o destino individual e o território das perguntas irrespondíveis" (Lima, 1974: 56).

As práticas
da leitura literária

> Aulas em que se fale de literatura, em que se comungue no amor da literatura, têm algo de festa ritual, inunda-as a alegria de, num impulso colectivo, descobrir, clarificar, ficando cada um enriquecido, dinamizado. Ler colectivamente (em diálogo com a obra literária, em diálogo de leitor com outros leitores) é, com efeito, além de prazer estético, um modo apaixonante de conhecimento, o ensejo inestimável de participar activamente, ampliando a criação pelo comentário, pondo-se cada um à prova, jogando-se, inteiro, na aventura em que a palavra estética nos envolve, e ao mundo (Coelho, 1976: 45).

O conhecimento dos vários modos da leitura literária é importante não apenas porque evita desencontros de expectativas entre professor e aluno, mas também porque indica a necessidade de uma maior abertura no tratamento do texto literário dentro e fora da escola. Os modos de ler listados anteriormente pretendem demonstrar que a leitura literária não tem apenas um caminho e que o diálogo da leitura pode ser iniciado de diversas maneiras. Do mesmo modo, esse diálogo pode ser efetivado por meio de várias atividades. Neste capítulo, vamos rever essas práticas de leitura, buscando mostrar como elas podem contribuir para o diálogo da leitura literária, tendo como cenário principal a escola.

O SILÊNCIO

Lembra-nos Alberto Manguel, em sua *Uma história da leitura* (1997), que a prática da leitura silenciosa não era comum na Antiguidade. Tanto que Santo

Agostinho revela surpresa na leitura feita apenas com os olhos de Santo Ambrósio. Seria bem mais tarde, por volta do século X, que a leitura silenciosa se tornaria uma prática usual. No ambiente escolar, até por questões de aprendizagem, a leitura da voz precede a leitura dos olhos, com a professora lendo para seus alunos em várias ocasiões. Tão logo o processo de alfabetização se completa, porém, a leitura oral começa a ser abandonada em favor da leitura silenciosa. Essa preferência pela leitura silenciosa é reforçada pelo livro didático, que adota como modelo básico de aula a leitura de um texto seguido de atividades a ele relacionadas.

Ainda que a leitura silenciosa seja dominante na escola, nem por isso se pode falar que seja sempre bem-sucedida. São velhas conhecidas de qualquer professor as dificuldades que os alunos enfrentam para ler e interpretar adequadamente os textos em circulação no ambiente escolar, não importa que seja um problema matemático, um relato histórico ou uma instrução para realizar um experimento na área da biologia. No caso dos textos literários, essa dificuldade é agravada porque a aula de literatura requer como primeiro e insubstituível passo o encontro pessoal do aluno com a obra.

Leitura Silenciosa Sustentável

Para promover esse encontro por meio da leitura silenciosa, os professores de literatura usam várias estratégias didáticas. Uma experiência positiva ocorrida em Curitiba é relatada por Elisa Dalla-Bona (2012). Em uma escola dos anos iniciais do ensino fundamental que não possuía biblioteca, os professores organizaram caixas de livros em todas as salas de aula. Eram duas caixas: uma com textos curtos para serem lidos em sala de aula e outra com textos mais longos que eram emprestados para serem lidos em casa. Como os livros ficavam na sala de aula, ao término de uma atividade, as crianças se dirigiam espontaneamente ao fundo da sala onde estavam as caixas e selecionavam um livro, para ler em sala de aula enquanto os outros colegas terminavam a tarefa ou para levar para casa. Além disso, essa escola havia destinado duas horas de um dia da semana para a aula de literatura e durante essa aula os alunos tinham 30 minutos para a leitura silenciosa de um texto de livre escolha.

Tal como no exemplo acima, há várias escolas que adotam um tempo regular, diária ou semanalmente, para ser usado na biblioteca ou em sala de aula com um livro que o próprio aluno seleciona da biblioteca ou traz de casa como parte de seus programas de leitura. Essa prática de conceder tempo escolar para a leitura silenciosa é conhecida nas escolas americanas como *Leitura Silenciosa Sustentável* (LSS ou SSR para a sigla em inglês). De acordo com Krashen (2006), a LSS consiste basicamente na leitura diária de 10 a 15 minutos durante o horário da aula para que os alunos leiam o que desejam, qualquer tipo de texto e sem nenhuma cobrança ou recompensa além do prazer de ler. Nesse período de tempo, também o professor ou o bibliotecário devem se dedicar a ler por prazer. A argumentação que sustenta essa prática é que se aprende a ler lendo e que a leitura livre é característica da leitura do leitor proficiente, por isso os alunos devem poder escolher o que querem ler, como também poder abandonar a leitura no meio do caminho ou reler um livro que lhes interessa particularmente.

Ainda que haja pesquisas que identificam vários benefícios, a exemplo de ampliação do vocabulário, melhoria na escrita, maior e melhor capacidade de compreender os textos e motivação para a leitura, a LSS nem sempre é bem vista por diretores, coordenadores pedagógicos, professores, pais e alunos. A maior preocupação é que a LSS se constitua em uma forma de roubar do aluno e do professor um tempo precioso, o qual deveria ser destinado à instrução. Essa preocupação é mais aguda no ensino médio, por conta de um currículo cheio de recortes disciplinares que deixa pouco espaço para outras atividades. O professor de literatura, normalmente com uma única aula por semana, tem dificuldade em aceitar que deve dispor de uma parte dessa aula para a realização de uma leitura sem nenhuma diretividade evidente, que pode ser realizada perfeitamente em casa, em espaços mais confortáveis do que os oferecidos pela escola e tempos mais convenientes para os alunos. A coordenação pedagógica, assim como alguns pais, por sua vez, tendem a ver o tempo destinado à LSS como um tempo morto em que o professor e os alunos estão na sala de aula, mas não interagem entre si, "apenas" leem.

Os alunos também não ficam atrás e, acompanhando o ritmo das outras disciplinas, tendem a interpretar a LSS como hora de relaxar e não fazer nada, deixando de aproveitar o tempo concedido para desenvolver uma leitura efetiva. Dessa forma, se os minutos da LSS são bem usados pelo leitor voraz, quase obsessivo, que aproveita cada instante para ler o livro que tem em mãos, o mesmo não pode ser dito para todos os alunos de uma turma. Mais frequentemente do que o desejado, sobretudo entre jovens, encontra-se o falso leitor, ou seja, aquele que coloca o livro diante dos olhos e finge que está lendo, que se perde entre as estantes, que sempre precisa ir ao banheiro ou fazer qualquer coisa que o mantenha longe dos livros.

Ao seu lado senta-se o leitor vencido, que é aquele que não consegue acompanhar ou está abaixo do nível de leitura da turma, quer por dificuldade de aprendizagem, por questões socioeconômicas ou por outra razão que o impede de ler os livros que lhe são oferecidos. Mais adiante está o leitor pretensioso que busca livros bem acima de sua capacidade de leitura, o que termina por levar à frustração e à troca frequente dos livros. No meio da sala, senta-se o leitor cumpridor, isto é, aquele que lê porque foi determinado ler naquele período de tempo, mas ele não se interessa pelo que está lendo ou poderia ler. Do lado esquerdo, encontra-se o leitor preso no gênero ou série que não consegue se interessar por outro tipo de livro. Em qualquer lugar da sala, juntam-se os leitores relutantes, aqueles que, embora leiam proficientemente e tenham prazer na leitura, preferem fazer qualquer outra coisa à leitura (Clausen-Grace e Kelley, 2009).

Uma forma de lidar com esses perfis de leitores e dissipar temores em torno do desperdício do tempo na LSS consiste em torná-la uma atividade mais escolar, no sentido de ter objetivo, acompanhamento e avaliação, ainda que sem comprometer a leitura livre e prazerosa que está na base de sua fundamentação. Um exemplo é o programa de LSS desenvolvido por Valarie Lee no primeiro ano de uma escola de ensino médio. Usando como suporte os resultados de uma pesquisa que identifica oito fatores responsáveis pelo sucesso da LSS, Lee iniciou se preparando com leituras sobre outros programas de leitura silenciosa e livros teóricos sobre leitura. O segundo passo foi determinar um cronograma para a leitura silenciosa, que seria sempre às quartas-feiras, por 20 minutos. O terceiro passo consistiu em criar um ambiente adequado, que ela construiu tanto em termos físicos, trazendo para a sala de aula um sofá e um abajur de chão, estrategicamente dispostos entre as estantes, quanto em termos comportamentais, demandando que a aula não fosse interrompida por nenhuma demanda externa, mesmo da diretoria, assim como permitindo que os alunos pudessem falar uns com os outros, desde que não atrapalhassem a leitura geral, e ela mesma praticava a leitura silenciosa. O quarto passo foi a disponibilização de livros que despertassem o interesse dos alunos, o que envolveu não apenas visitas de toda a turma à biblioteca da escola e a abertura de sua biblioteca particular para empréstimo, como também pesquisas em sítios da internet e em liquidações de livrarias. O quinto passo veio da aceitação de qualquer texto selecionado pelo aluno para leitura, reconhecendo suas escolhas como legítimas e possibilitando que os mais diversos tipos de texto circulassem na sala de aula. O sexto passo foi o acompanhamento da leitura dos alunos, quer para descobrir as causas de eventuais desengajamentos no programa, quer para orientá-los quanto a futuras escolhas. O sétimo passo consistiu em não passar para o aluno a mensagem de que seria avaliado pela leitura feita, o que resultou em usar apenas uma folha de registro de leitura, na qual os alunos indicaram seus objetivos de leitura, os dados bibliográficos do livro e as datas de início, fim ou abandono da obra, com espaço para comentários se desejado. Mais que registrar o processo, a ficha ajudou Lee a monitorar e orientar os alunos quanto a suas dificuldades de leitura. O oitavo e último passo foi permitir que, ao final da leitura, o aluno compartilhasse de alguma maneira o que haviam lido. Ela ofereceu várias alternativas, como escrever resenhas, indicar para um amigo e dramatizar uma cena, mas deixou os alunos livres para escolher a forma que achassem mais adequada e teve boas surpresas.

O exemplo bem-sucedido de Lee pode ser aproveitado em muitas de nossas escolas, sobretudo naquelas cujos alunos são adolescentes e jovens. A implantação de um programa como esse, porém, não é fácil. Para não perder o entusiasmo e implantar um programa de LSS com segurança, convém observar algumas recomendações que foram reunidas por Humphrey e Preddy (2008). Os autores alertam, em primeiro lugar, para a necessidade de ganhar o apoio da administração da escola, o que significa que o programa deve não apenas ser aceito, mas endossado pela direção e corpo pedagógico. Outro ponto aconselhável é tentar fazer o programa não apenas de um professor, mas da escola, o que pode ser implementado por meio de um comitê da LSS ou Programa de Leitura. Essa medida fortalece o compromisso da escola para com o programa e permite que esse grupo receba suporte para o planejamento das atividades e participe de cursos de atualização e eventos similares.

A sala de aula não pode deixar de conter estantes com os livros para livre escolha e empréstimo sem registro (caso um livro desapareça, significa que encontrou uma nova casa). Estes livros precisam ser periodicamente renovados e o apoio da biblioteca é fundamental para isso. Se a escola não tem biblioteca, é hora de começar a campanha para a sua instalação. Também é muito importante que o tempo destinado à leitura silenciosa seja respeitado em todos os sentidos, ou seja, não pode ser interrompido, nem trocado na grade de horário. Com isso, a escola passa a mensagem ao aluno de que ler é mesmo essencial.

Finalmente, para que um programa de LSS tenha longa vida é preciso que venha acompanhado de outras ações que implementem e reforcem uma cultura da leitura na comunidade escolar, como as demais práticas que veremos, o que permite sua renovação nos momentos críticos e celebração quando os objetivos são atingidos.

Leitura meditativa

Fora da escola, a leitura silenciosa é o modelo padrão de leitura literária. O leitor adulto sentado em uma poltrona confortável ou recostado em um sofá, concentrado na leitura de um volume entre as mãos, é uma imagem recorrente quando se fala de leitura literária. Entende-se que esse leitor proficiente escolhe seus livros de acordo com a sua comunidade de leitores e reserva um tempo de lazer para a literatura. Há, porém, uma forma de leitura silenciosa que escapa a essa imagética da leitura literária adulta. É a *leitura meditativa*, a leitura que fazemos não para encontrar os sentidos do texto, mas sim para que esses sentidos nos inspirem a reflexão. É uma leitura que remete às práticas de meditação da Antiguidade e da Idade Média, usadas para a cura das inquietações da alma e as dores do corpo, como tão bem analisa Brian Stock nas três conferências que fez sobre as relações entre a meditação, as práticas de leituras ocidentais e a medicina que trabalha a união corpo e mente no tratamento das doenças (2006a, 2006b, 2006c). Para esse autor, é com os humanistas que se instaura uma clara divisão entre a leitura que procura encontrar nos textos respostas para as questões éticas e a leitura que usa os textos como um meio para meditar sobre essas questões. Na primeira, as respostas para as questões que levam à leitura são resolvidas durante o processo da leitura; na segunda, fora do processo da leitura, por meio da meditação que a segue.

O resultado dessa separação é que deixamos de lado a prática da leitura meditativa como uma forma de cura de nossas inquietações e de seus reflexos sobre o nosso corpo. Praticamos a leitura silenciosa para encontrar os sentidos do texto e ignoramos a força que o ato de ler traz em si mesmo.[1] Mas talvez ainda seja tempo de se recuperar a prática da leitura meditativa. Mesmo em um mundo tão cheio de sons, cores e formas que demandam nossa atenção a cada instante, talvez seja possível ler silenciosamente não para conhecer o texto simplesmente, mas para conhecer, com ajuda do texto, a si mesmo. Está feito o convite.

A VOZ

Na carta que escreveu para fornecer dados biográficos sobre sua produção literária, José de Alencar (1873) relata que uma de suas funções em casa era ler para a mãe a correspondência, os jornais e romances. A leitura dos romances acontecia em um serão que reunia a mãe, a tia e amigas. Durante a leitura, havia pausas para que o auditório se manifestasse em relação à história, elogiando ou recriminando as personagens e até mesmo compartilhando suas dores, como o pranto de todos pela morte do pai de uma personagem, fato que perturba um parente recém-chegado por julgar alguma tragédia familiar e resulta em efeito cômico quando descoberta a razão para o choro tão aflito do leitor e da audiência.

Também ligada a José de Alencar é a notícia do enorme sucesso de *O guarani*, dada pelo Visconde de Taunay (1923). Quando o *Diário do Rio de Janeiro*, onde o romance era publicado em folhetins, chegava a São Paulo, os estudantes se reuniam nas repúblicas para ouvir a leitura em voz alta do capítulo do dia. Também grupos se formavam em torno dos lampiões de vias públicas para ouvirem trechos do romance lido em voz alta por algum afortunado que possuía um exemplar do jornal.

Nos dois registros, percebe-se que, no Brasil do final do século XIX, a leitura em voz alta era uma prática relativamente comum, seja porque o número de analfabetos era enorme, mesmo nos centros urbanos; seja porque servia de distração para as pequenas atividades domésticas noturnas; seja porque o material impresso era escasso e a aquisição de obras para a composição de uma biblioteca particular só estivesse ao alcance dos mais abastados – é ainda José de Alencar que fala do seu embevecimento frente à coleção de Francisco Otaviano, composto por livros herdados do pai e enriquecida com obras modernas adquiridas por ele mesmo. Essa prática da leitura em voz alta, hoje praticamente desaparecida como atividade social, cumpria, para além da função básica de transmitir as informações do texto àqueles que não sabiam ler, outra importante função. Como bem nos alerta Chartier, a leitura em voz alta era destinada a "também cimentar as formas de sociabilidade imbricadas igualmente em símbolos de privacidade – a intimidade familiar, a convivência mundana, a conivência letrada" (Chartier, 1999: 16-17).

Os dias atuais são bem diferentes. Os serões familiares cedem lugar à televisão. Os saraus e as declamações de poemas em público são matéria de nostalgia. Não falta material impresso e os analfabetos são minoria no conjunto da população. Todavia, se as condições sociais de uso da leitura em voz alta mudaram, nem por isso ela perdeu sua importância e necessidade na formação do leitor e mesmo junto ao leitor maduro. É isso que defende George Jean, em *A leitura em voz alta* (2000), uma espécie de tratado sobre o tema que envolve história, função e práticas da leitura em voz alta. Para o autor, ler em voz alta continua a ter como características essenciais duas das mesmas funções encontradas nos exemplos anteriores – dar a conhecer o conteúdo de um texto e proporcionar sociabilidade – acrescidas de uma terceira, que é entender melhor o texto lido. Naturalmente, as práticas da leitura oral se transformaram e o exemplo do locutor de um telejornal que lê a notícia em um teleprompter é apenas uma das suas muitas mutações. Aqui nos interessa destacar como essas funções básicas continuam presentes e relevantes na nossa vida cotidiana de leitor e na escola.

Adotando alguns exemplos dados por George Jean, podemos dizer que a leitura em voz alta para informar o conteúdo de um texto literário atende atualmente, e sobretudo, às necessidades daquelas pessoas que, por problemas de visão ou outro tipo de impedimento físico, já não conseguem ler silenciosamente por si mesmas. Para tanto, elas podem recorrer a reproduções sonoras eletrônicas dos livros que lhe interessam ou até mesmo contratar um leitor, o que pode ter um efeito inesperado, como se pode ler no romance *A leitora*, de Raymond Jean (1992), mais conhecido entre nós por ter inspirado o filme *Uma leitora bem particular*, de Michel Deville (1988). Também leitores com dificuldades outras, como dislexia, podem ser beneficiados pela leitura em voz alta de obras literárias, como mostra outro filme francês, *Minhas tardes com Margueritte*, de Jean Becker (2010), igualmente inspirado em um romance de Marie-Sabine Roger.

Nesses dois exemplos ficcionais, a leitura em voz alta é uma necessidade porque o leitor está impedido de fazê-lo silenciosamente por si mesmo, mas é também uma forma de sociabilidade. Ler para o outro nunca é apenas oralizar um texto. Ledor e ouvinte dividem mais que a reprodução sonora do escrito, eles compartilham um interesse pelo mesmo texto, uma interpretação construída e conduzida pela voz, além de outras influências recíprocas que, mesmo não percorrendo os caminhos sugeridos pela ficção, são relações importantes de interação social. É isso que também acontece quando lemos um trecho de um livro para um amigo ou uma pessoa com quem compartilhamos prazeres com o fim de seduzi-los para a leitura daquela obra. Nesse caso, como bem diz George Jean, "este tipo de leitura em voz alta anuncia discussões, trocas de impressões, contestações, pedidos de informação suplementar e partilhada" (Jean, 2000: 43), o que faz com que esteja presente no cotidiano de muitas pessoas e seja a base da compra de livros e empréstimo em bibliotecas públicas ou particulares fazendo circular a literatura.

Leitura para as crianças antes de dormir

Talvez a força maior da leitura em voz alta como forma de sociabilidade venha da prática da *leitura para as crianças antes de dormir*. Ainda que com fins diversos, o conhecido estudo de Shirley B. Heath (1988) mostra que essa forma de leitura é próxima do modelo adotado nos primeiros anos da escola, logo as crianças que não possuem essa experiência ou possuem experiências distintas de letramento enfrentam mais dificuldades em seu desempenho escolar do que aquelas cujos pais usam a leitura antes de dormir. Para além da adequação à vida escolar, a leitura antes de dormir também é incentivada por ser uma forma importante de introduzir a criança no mundo da escrita. Entre os seus benefícios estão o aumento do vocabulário, uma maior compreensão do funcionamento da leitura, mais habilidade no uso de livros, o fortalecimento da leitura como prazer e, obviamente, das relações entre pais e filhos. É assim que, associada a outras práticas parentais de letramento da criança, a leitura antes de dormir cumpre papel relevante no estabelecimento de um ambiente de aprendizagem próximo ao escolar quando, por exemplo, os pais esclarecem o sentido de certas palavras ou chamam a atenção para o livro como material impresso. Também auxiliam o desenvolvimento emocional da criança ao encorajar a criança a fazer questões sobre o texto e a manifestar o seu entendimento. A leitura antes de dormir atua, ainda, na educação do comportamento da criança, por exemplo, no momento em que proporciona e disciplina turnos de conversação entre o pai e o filho (Hindman e Morrison, 2012). Está claro que todas essas habilidades são muito importantes para a socialização da criança.

A hora do conto

Na escola, a leitura em voz alta é usada prioritariamente nos anos iniciais, quando a criança precisa da voz para fazer a transição entre o mundo da oralidade e o mundo da escrita. A *hora do conto* é um exemplo típico dessa prática escolar que consiste na reunião das crianças em torno do professor para ouvir a leitura de um texto. Em termos de letramento, seus benefícios são semelhantes aos da leitura antes de dormir, ainda que ampliados por conta do ambiente escolar e reforçados pela força simbólica da atividade ancestral de contar histórias e compartilhar experiências. Tanto é assim que "o mínimo que se espera de uma escola hoje em dia [...] é que se reservem amplos espaços e tempos para a 'hora do conto'" (Ceccantini, 2009).

Esse amplo consenso que a atividade parece ter, como se deduz da citação feita, não deixa de apresentar dissidências. Alguns pais e coordenadores pedagógicos, ignorando os benefícios do compartilhamento da leitura que a hora do conto traz, veem na atividade uma forma de "matar o tempo" ou "entreter e acalmar a criança". Por um lado, essas críticas nascem do desconhecimento da função primordial que essa leitura oralizada cumpre na aprendizagem dos gestos da leitura, que a criança observa na professora, e, acima de tudo, na construção cultural dos sentidos, reforçando no aluno o sentimento de pertencimento àquela comunidade.[2] Por outro, elas encontram algum respaldo no vale tudo com que certas horas do conto são conduzidas, transformando-se mais em uma atividade de recreação, a despeito do rótulo, do que uma prática de leitura oralizada.

A sacola da leitura

Outra prática talvez menos conhecida, mas não menos relevante, é a *sacola da leitura* e suas variantes. Trata-se de uma sacola contendo um ou mais textos literários emprestados à criança por um período de uma semana, usualmente às sextas-feiras, implicando que a leitura literária fará parte do lazer da criança e da família no final de semana ou distribuída ao longo dos dias da semana. No caso das crianças em processo de alfabetização, os pais ou um adulto deve ler para a criança o livro selecionado por ela. Quando as crianças já estão alfabetizadas, elas mesmas leem para a família. As duas opções são igualmente relevantes não apenas por envolver positivamente a família no processo de formação de leitor da criança, mas também por levar a leitura em voz alta para o ambiente familiar. Um relato significativo de como funcionam as sacolas de leitura é feito por Kelly Martins (2011). Em uma escola periférica de Presidente Prudente, uma professora, usando recursos próprios, pois a biblioteca restringia ao ambiente escolar o empréstimo dos livros, resolveu oferecer uma sacola de leitura para cada um de seus alunos. Feita de algodão cru e bordada à mão com a denominação de Sacola de Leitura, ela continha, além da obra literária, um caderno de registro para que o adulto dedicasse 10 minutos para ouvir a criança e fizesse comentários sobre a experiência, acompanhado de lápis, borracha e caneta. Também levava um apetrecho da caixa mágica de leitura – um dos objetos que a própria professora usava para incrementar as leituras em sala de aula, como óculos coloridos, chapéu etc. Um dos registros feitos por um pai dá bem conta da dimensão da atividade: "Professora, eu não imaginava que fosse tão importante doar dez minutos da minha vida para meu filho" (Martins, 2011: 93). Além disso, vários pais passaram a registrar o filho lendo em fotografias e filmagens de celular.

Todavia, talvez porque associada à aprendizagem inicial da leitura, a prática da leitura em voz alta é progressivamente abandonada nos anos seguintes à formação inicial, chegando a ser mínima, quando não inexistente no ensino médio. Para muitos professores e coordenadores pedagógicos, ler em voz alta para alunos que já dominam o processo da leitura é uma perda de tempo, uma vez que a leitura com os olhos é mais rápida. Esse equívoco vem justamente do desconhecimento dos benefícios da leitura em voz alta como prática pedagógica não apenas por suas características essenciais, mas também por proporcionar o uso diversificado de textos em sala de aula, para além do livro didático; ampliar o entendimento de um determinado tópico; despertar a curiosidade dos alunos pela leitura de trechos; relacionar aspectos da aprendizagem com a vida cotidiana e outros ganhos na motivação, engajamento e interesse dos alunos pela leitura (Albright e Ariail, 2005). Por essa razão, é importante que as escolas a incluam em seus programas de leitura e incentivem seus professores de diferentes disciplinas a praticarem a leitura em voz alta.

Para quem quer começar, vale alguns lembretes, como a seleção de textos significativos para aquela comunidade de leitores, o uso de material e recursos diversificados (apresentar uma leitura gravada, por exemplo), o início com textos curtos e a realização da atividade sistematicamente, ou seja, determinar um momento específico para a leitura em voz alta dentro da grade de horário da escola. Foi o que fez, por exemplo, o Colégio Progresso Campineiro, de Campinas, com a proposta de tornar seus professores modelos de leitor. Para tanto, todo professor que faz a abertura das aulas pela manhã é instado a iniciar com a leitura em voz alta de um texto de sua livre escolha, podendo ou não estar relacionado com o conteúdo da disciplina. Inicialmente, os alunos reagiram com surpresa, mas logo aprenderam a valorizar o desempenho dos professores e com eles conhecerem novos textos (Fidelis, 2013).

Por fim, a leitura em voz alta, seja na escola, seja na intimidade do quarto de dormir, é uma prática que podemos e devemos adotar para entender melhor um texto. A poesia, mesmo a mais contemporânea, não nega as suas íntimas relações com o ritmo e a melodia da voz. Por isso, quando lemos um poema em voz alta, temos a sensação de que o entendemos melhor e efetivamente parte de seu sentido nos vem pelo modo como o lemos: a entonação dada a cada palavra, a ligação entre os versos etc. Isso não é apenas uma marca da poesia. O efeito é o mesmo em outros textos como as canções populares, por exemplo, que nos encantam não apenas pelo que dizem, mas também pela forma como o dizem – uma característica que identifica os textos como literários. Tem razão, mais uma vez, George Jean, quando afirma que "a leitura em voz alta, nunca é demasiado repeti-lo, conduz ao sentido, ainda que seja um texto obscuro pelos significantes que se encarnam na voz leitora" (Jean, 2000: 32). Faça uma experiência.

A MEMÓRIA

Na parte final de *Fahrenheit 451*, o romance distópico de Ray Bradbury (2003), Montag, o protagonista, encontra Granger, o líder de um grupo de leitores proscritos que memorizam livros, transformando-se em livros ambulantes. Eles fazem isso para salvar da destruição as obras condenadas ao fogo por uma sociedade anti-intelectual e opressora. O recurso, incorporado por Montag, contém uma fina ironia. Os livros, que foram criados como um substituto da memória dos homens, permanecem vivos graças a essa frágil memória, cujo conteúdo é repassado a outro homem e assim sucessivamente até o momento em que as obras possam circular livremente outra vez. Esse recurso só é possível porque, invertendo os papéis, os leitores-memorizadores do romance dão um sentido literal ao sentido etimológico de guardar no coração do verbo decorar – a raiz latina de cor/coração é mais evidente na expressão em inglês "saber de coração" (*know by heart*).

Não é preciso, entretanto, que cheguemos ao extremo da sociedade descrita em *Fahrenheit 451* para compreendermos a importância da memorização na leitura literária. Decorar, guardar no coração um texto ou um trecho do que lemos é parte da relação afetiva que mantemos com as obras. Por meio da memorização, incorporamos palavras e expressões que traduzem com a acurácia própria da literatura as experiências que temos do mundo e o mundo que desejamos experienciar. É assim que memorizamos a canção que fala de um sentimento – *detalhes tão pequenos de nós dois*. Que incorporamos a fala engraçada de uma personagem na nossa fala cotidiana – *chic a valer!*. Que transformamos em conselho a um amigo a passagem de um romance – *uma pessoa é, entre todas as coisas, uma matéria que pode ser facilmente rasgada e dificilmente remendada*. Que repetimos para nós mesmos nas situações adversas os versos de um poema – *a vida, a vida só é possível se inventada*.

Essa memória individual que é construída ao longo da história de leitor faz parte de um conjunto maior de referências que é a memória de uma comunidade de leitor. É essa inter-relação entre o individual e o coletivo que faz a colcha das citações ganhar sentido, mesmo para aqueles que não tiveram contato direto com a obra. Por isso podemos falar de projeto *quixotesco*, nomear os filhos de *Ubirajara* ou *Iracema*, tratar do irremediável com *agora Inês é morta* e abraçar as contingências do viver com *tudo vale a pena se a alma não é pequena*. Dentro do mecanismo de lembrar e esquecer que compõe toda memória, as citações vistas nos exemplos mencionados funcionam como a ponta de um *iceberg* que é o repertório literário daquela comunidade. Esse repertório, tal como abordamos no primeiro capítulo, constitui as referências essenciais do sistema literário tanto para o escritor quanto para o leitor. Um e outro precisam conhecer as "regras" desse sistema para dele participar plenamente. A competência literária nada mais é do que o domínio dessas regras que são incorporadas ao longo da formação literária do leitor.

Como não se pode conceber uma formação literária sem a participação ativa da escola enquanto instituição, a memorização deve fazer parte das práticas de leitura das aulas de literatura. Não para a mera repetição do texto em voz alta, um exercício vazio de oratória, mas sim para que se possa compartilhar, pela memória, os textos que são significativos para aqueles leitores, para aquela comunidade. Daí que a memorização, como processo interno, a citação e a recitação, como processos externos da leitura, não podem ser vistas como atividades isoladas, mas como parte de um todo que é o letramento literário.

O coro falado

Dentre as muitas maneiras que a memorização de um texto pode ser exercitada na escola, escolhemos abordar três práticas bem antigas e conhecidas com o propósito de que sejam retomadas, reformadas ou revalidadas como atividades legítimas de leitura literária na escola. A primeira delas é a leitura coral, jogral ou o *coro falado*. Trata-se da recitação conjunta de um poema ou texto narrativo em que o som das vozes se alterna ou é emitido em uníssono, com ou sem acompanhamento musical. Como outras atividades de memorização e recitação na escola, o coro falado foi abandonado em favor das fichas de leituras e outros mecanismos de exploração do texto sugeridos pelos livros didáticos. Parecia ser mais útil que o tempo empregado em memorização e ensaios fosse revertido em atividades guiadas de leitura e escrita em sala de aula. Perdemos, assim, não apenas uma oportunidade de aprimorar a elocução e a pronúncia dos nossos alunos, ampliando vocabulário e desenvolvendo a leitura intensiva, como também uma das formas de interpretação do texto que essa prática de leitura promove. Com efeito, ao se apropriar do texto para recitá-lo, o leitor precisa construir um sentido que vai guiar a sua voz, precisa interpretar o texto para poder guardá-lo no coração. Nesse sentido, é preciso compreender que, no coro falado, "os alunos não estão apenas aprendendo *sobre* poesia, os alunos estão *fazendo* poesia; eles estão entrando no mundo do poema para comunicá-lo, para expressá-lo", por isso "participar de um coro falado leva à experiência direta com o texto literário" (Trousdale e Harris, 1993: 201).

Para montar um coro falado, Trousdale e Harris sugerem várias possibilidades, das quais nos aproveitamos aqui livremente. Antes de mais nada, é preciso que o grupo compartilhe o texto, lendo silenciosamente num primeiro momento, em voz alta em seguida por um dos membros e depois discutindo o seu sentido para o grupo. Não é preciso chegar a um consenso nesse estágio, mas simplesmente compreender o texto. A interpretação ocorre no momento em que, ao se preparar a leitura coral, as ênfases em determinados trechos, o ritmo da fala e a distribuição dos versos fazem com que o texto ganhe um sentido comum e seja incorporado ao grupo. A memorização e os ensaios completam o processo que tem sua culminância com a apresentação do coro falado. As formas de organização das falas podem ser bem simples, como dois grupos de vozes que se alternam, ou mais complexas, com várias vozes que se alternam e variam em velocidade e volume. Também pode haver acompanhamento de música, efeitos sonoros e gestos para imprimir maior impressividade à recitação. O importante é que o grupo encontre, com ou sem o auxílio do professor, uma forma própria de expressar a leitura que fizeram do texto.

A dramatização

A segunda prática de memorização é a *dramatização*. Não é preciso dizer muito sobre essa prática, felizmente ainda viva em várias escolas, embora com maior emprego junto aos alunos dos anos iniciais ou presa a eventos específicos. De qualquer maneira, a dramatização de um texto, seja ele um texto propriamente teatral ou um texto que será transformado em teatral, é um momento de grande interação dos alunos com o texto e entre eles mesmos, além do impacto sobre a audiência. Talvez, por essa característica de sociabilidade, a dramatização nem sempre é focada pelo aspecto da leitura, antes pelos valores de disciplina, concentração e autoexpressão, sobretudo como um recurso contra a timidez e baixa autoestima. Independentemente dessas e de outras vantagens educativas, a dramatização enquanto prática de leitura requer a integração de várias linguagens artísticas e vem daí sua importância para a formação do leitor. Junto com a recitação vêm os gestos, a música, o jogo das luzes, as cores e a formas do figurino e do cenário, demandando que a palavra escrita no papel seja traduzida para uma experiência tridimensional. É essa tradução que consiste na interpretação do texto, na leitura literária. Por isso, mais do que o resultado da dramatização em um espetáculo, deve interessar ao professor de literatura a maneira como os alunos constroem a dramatização do texto, como eles experienciam o texto para transformá-lo em ação dramática.

Tendo isso em vista, a dramatização pode e deve ser usada em todas as situações de ensino, sem distinção de níveis de leitura dos alunos. Aqui vale a pena destacar o uso de jogos dramáticos como uma forma de aproximar os alunos da dramatização sem o compromisso de uma encenação, que pode ser inviável por seu custo financeiro com figurinos e cenários e disponibilização de tempo para ensaios. Baseados nos relatos de experiências com crianças dos anos iniciais de escolarização de Donna Adomat (2012), nos Estados Unidos, e M. Fátima M. Albuquerque (2007), em Portugal, vamos descrever um conjunto de atividades que, usando técnicas de dramatização, fortalecem a leitura literária.

Após a leitura silenciosa ou oral da obra, a atividade seguinte pode ser a encenação de diferentes momentos da história com os alunos trabalhando em pares. Eles mesmos podem escolher esses momentos a partir de distinções simples como os momentos mais felizes ou mais tristes ou serem orientados pela professora a partir de uma seleção prévia de pontos conflituosos da narrativa. Os diálogos das personagens podem ser memorizados da história, se o texto os contém, ou criados pelos próprios alunos a partir da situação dada. Também podem ser um desenvolvimento da história como em um jogo de personificação (RPG) em que os alunos se comportam como as personagens em uma situação derivada da história. Outra atividade pode ser o quadro vivo (*tableaux* ou *tableau vivant*), cujas raízes podem ser remontadas às encenações medievais e encontram sucessores nos imitadores de robôs e similares nas praças das grandes cidades atualmente. Nesse caso, os alunos devem ser instados a representar cenas nucleares da história como se fossem uma ilustração, usando apenas os movimentos do corpo e expressões faciais para mostrar o que está acontecendo.

Aproveitando essa representação estática, o professor pode usar a técnica de trazer o quadro à vida, seja acrescentando voz e movimentos naturais à cena, seja demandando que os alunos, uma vez relaxados, digam o que as personagens sentiam ou pensavam naquele momento. Outra atividade, ainda, é a cadeira-depoimento (*hot-seating*), que consiste em um aluno assumir a personalidade de uma personagem e responder aos colegas questões sobre ela e a história em uma espécie de entrevista. Esse questionamento pode ser logo após a encenação de um trecho para que o aluno se sinta dentro do papel ou como uma preparação para assumir o papel. Esses e outros jogos dramáticos, assim como a encenação de um texto teatral, demandam do aluno uma leitura intensa que termina por imprimir em sua memória, senão as palavras exatas, o sentido que construiu para o texto literário.

A contação de histórias

A terceira das práticas de leitura da memorização é a *contação de histórias*. Prática ancestral, contar histórias é uma estratégia pedagógica que usualmente entra na escola como parte da preparação das crianças para a leitura. Embora seja usada há bem mais tempo com a função de acalmar e entreter as crianças, contemporaneamente se reconhece na contação de histórias uma forma privilegiada de ampliação do vocabulário, relação com o impresso, estímulo à imaginação, desenvolvimento da criatividade e do senso crítico, incorporação de modelos narrativos, incentivo à leitura, promoção de valores e crescimento emocional, além de funcionar como ponto de partida ou ligação entre conteúdos programáticos (Abramovich, 1993; Busatto, 2003; Torres e Tettamanzy, 2008; Neder et al., 2009).

Tantos benefícios levaram a uma quase universalização da contação de histórias na educação infantil e nos primeiros anos do ensino fundamental, sob designações diversas, a exemplo da hora do conto. No entanto, esse uso extensivo nem sempre garante uma prática efetiva de leitura literária. Como bem mostram Silveira e Kirchof, ao analisarem 140 relatos de observação de contação de histórias em escolas da região metropolitana de Porto Alegre, tende-se a uma excessiva pedagogização da atividade. É o que acontece quando se busca "civilizar" a criança por meio do conteúdo das histórias. Quando a professora enfatiza a "mensagem" da história contada como se fosse um conteúdo programático. Quando a história é usada para resolver um problema ou ilustrar uma questão educacional.

Em síntese, quando a contação de histórias toma o texto como um mero pretexto para preleções morais e transmissão de bons hábitos, deixando de oferecer uma experiência literária (Kirchof e Silveira, 2010). Trata-se, nesse caso, de uma das faces da escolarização inadequada da literatura, como já nos chamaram a atenção Magda Soares (2001) e Marisa Lajolo (2009), compreendendo, com a primeira, que os textos literários não podem ser pseudotextos, nem fragmentos sem textualidade; e, com a segunda, que não se caracteriza como leitura literária a abordagem do texto como um índice descontextualizado de uma outra coisa de que se quer falar; um mero pretexto, enfim. Mais que isso, consiste em retirar da literatura a sua força de liberdade enquanto exercício do imaginário, tornando-a um texto pragmático, destinada a "enriquecer" o leitor, como observa Regina Zilberman em relação aos livros de autoajuda, quando deveria incentivar ou resgatar "o desejo de narrar, que dilata, sem vantagens, mas também sem prejuízos, as potencialidades da imaginação e da fantasia" (Zilberman, 2009: 128).

Além disso, a contação de histórias na escola não precisa ficar presa à imagem da professora, nem à educação infantil. Ela pode igualmente ser desdobrada em direção aos pais e outras audiências.[3] Um exemplo é o projeto de extensão Mala de Leitura, desenvolvido no Centro Pedagógico da Faculdade de Educação da UFMG. Com o objetivo de incentivar a leitura independente e o prazer de ler, a atividade principal consiste em uma vez por semana levar uma mala de leitura à sala de aula. Antes de abrir a mala de leitura, a professora ou monitora conta uma história e depois convida os alunos a escolher uma obra para leitura na própria sala de aula, pois o projeto não faz empréstimos dos livros. O projeto não se restringe à sala de aula, pois oferece atividade semelhante em outros espaços como creches, praças e feiras de cultura. Também há um momento de reflexão sobre essa prática de leitura que reúne mensalmente professores e a equipe do projeto (Dayrell, 2003). Mais interessante ainda é o envolvimento dos pais dos alunos no projeto. Em uma das reuniões dos pais com a escola, observamos o impacto positivo da atividade na comunidade escolar do Centro Pedagógico.

O dia do encontro com os pais foi em um sábado. Eles chegaram aos poucos, alguns trazendo os filhos pelas mãos. Havia entre eles avós e irmãos mais velhos, mas a maioria eram os pais. Eles vieram sob convite expresso dos próprios alunos. Os convites foram confeccionados em sala de aula na forma de uma maletinha. No início da reunião, a professora responsável, Mônica Dayrell, apresentou-se e os pais se apresentaram, localizando-se a partir de seus filhos. Depois dessa apresentação, ela convidou os pais a ouvirem uma história tal como acontecia com as crianças em sala de aula. Uma monitora começou a tocar uma flauta e, com as luzes diminuídas, logo se iniciou a contação de uma história. Era um causo que começava propriamente com o "Era uma vez...". No meio da narrativa, havia um refrão que a professora cantava e pedia que todos repetissem e assim foi pela história toda, com os pais participando ativamente da contação. Encerrada a narrativa, a professora apresentou os livros de onde tirou a história que contou e estimulou os pais a contar histórias e falar sobre suas experiências de leitura. Uma mãe que conhecia aquela história desde a infância revelou que conta para os filhos histórias de um livro, ela não sabia o nome do livro, nem seu autor, mas instada pela professora resolveu contar uma das histórias. Depois, a professora mostrou os livros que os alunos liam ou que lhes eram oferecidos para leitura, pedindo que fossem folheados. Um dos pais descobriu entre os livros um que continha uma história contada por sua mãe. Outros pais identificavam livros cujas histórias os filhos relatavam em casa. Aqui e ali, a professora aproveitava para apresentar um livro ou outro aos pais, ler trechos e animar algumas das rodas de pais, destacando um ou outro livro. Depois de um tempo, a professora pediu que os pais falassem do que haviam visto, se algum livro havia chamado a sua atenção. É o momento de compartilhamento das experiências de leitura com alguns pais mostrando os livros que têm nas mãos e relatando suas memórias de leitura, quando seus pais contavam histórias à noite, antes de dormirem. Ao final, a professora distribuiu uma folha com orientação sobre como promover a leitura, inclusive com lugares onde se podem ler e ouvir histórias. Depois, os pais foram levados para conhecer a biblioteca.

Alongamo-nos nesse exemplo porque ele traz boas evidências do papel da contação de histórias em uma prática que envolve leitura e memória. Aqui o texto memorizado pela professora serviu de elo entre a leitura escolar e a memória dos pais, que redescobrem nos livros as leituras da infância ou as leituras de seus pais, fortalecendo os laços entre leitura, escola e família. Também se percebe que a contação de histórias demanda um ritual a ser seguido. O som da flauta, as luzes diminuídas, o tom da voz da professora e seus próprios gestos remetem a um espaço de encenação que torna especial o momento da contação da história, transformando a performance em um convite ao exercício do imaginário que é próprio da literatura (o mesmo acontece com os professores das escolas infantis que lançam mão de fantoches, adereços especiais e outros recursos visuais para compor a narração da história).

Outro aspecto relevante dessa encenação é a diferença que se deve observar entre a leitura em voz alta e a contação da história. Se a primeira dispensa a encenação ou a tem apenas como um complemento, contar a história de cor demanda que o leitor se entregue ao texto, apagando a distância entre ele e o autor, que é própria do processo de memorização, como já vimos no caso do coro falado e da dramatização. Quando se conta uma história que foi memorizada para esse fim, o texto adquire outro sentido único que é dado por aquele leitor, tal como um pianista imprime sua marca numa peça musical. As palavras são conhecidas, mas o som delas em nossos ouvidos não é o mesmo. Daí a importância de que a contação de histórias não seja uma atividade só do professor, mas também dos alunos que devem aprender como realizar essa entrega de si ao texto e esse domínio do texto.

Por fim, a participação ativa dos pais durante a contação da história mostra que não são apenas as crianças que se beneficiam e sentem prazer com esse exercício do imaginário. Também os jovens e os adultos podem desfrutar da contação de histórias, observando-se textos e espaços que lhes sejam adequados. Não há razão nenhuma para se limitar essa prática de leitura à educação infantil, nem de torná-la exclusiva do aprendizado da leitura. Afinal, nossa constituição como leitores passa necessariamente pela relação afetiva que mantemos com os textos, e guardá-los no coração e dizê-los em voz alta com a força da emoção é uma maneira de demonstrar isso. Esse é o desafio.

A INTERAÇÃO

Ao narrar euforicamente a vida de Alexandre Magno em *Vidas paralelas*, Plutarco destaca que o rei Felipe II da Macedônia entregou a educação de seu filho ao mais famoso pensador de sua época, Aristóteles. O que o filósofo, possuidor de tantos saberes, ensinou ao jovem de 13 anos que mais tarde conquistaria praticamente todo o mundo conhecido de então? Plutarco menciona ética, política, medicina e os ensinamentos esotéricos, destinados apenas aos discípulos, tomando certamente como orientação a obra conhecida de Aristóteles. A matéria efetiva das lições de Alexandre tomadas em um templo consagrado às ninfas, entretanto, não ficou registrada e tem sido motivo de discussão pelo menos desde o Renascimento.

No que tange à literatura, Plutarco nos dá uma pista significativa ao mencionar que Alexandre dormia, em suas campanhas militares, com uma espada e uma cópia da *Ilíada,* que havia sido corrigida por Aristóteles, sob o travesseiro. Esse dado nos leva a supor, considerando o magistério de Aristóteles na Academia, que mestre e discípulo leram e discutiram a obra de Homero em vários momentos. É essa prática de ler e discutir os textos que constitui qualquer aula de literatura, ou seja, uma aula de literatura é, antes de mais nada, um momento em que se promove uma interação com os textos literários. Uma interação que leva o aluno a conhecer e até fazer do texto literário uma referência em sua vida, tal como Alexandre Magno faz com Aquiles, o herói do poema homérico, a quem se diz que tentou emular e acreditava ser descendente.

Para organizar algumas das muitas formas de interação com o texto literário que podem ser efetivadas dentro e fora da escola, vamos dividir essa prática em três grandes blocos de atividades: a participação, o comentário e a análise. Não há entre elas nenhuma hierarquia ou ordenamento fixo, ainda que possam ser sucedidas temporalmente. Seria ideal, uma aula de literatura começar pela participação, passar pelo comentário e encerrar com a análise, mas pode ter um percurso exatamente contrário ou misturado, a depender do interesse da comunidade de leitores. O mais importante é que não sejam tomadas como estratégias destinadas apenas a explorar os textos, mas sim como recursos para envolver o leitor com o texto e, por meio desse envolvimento, promover a construção literária dos sentidos, isto é, o letramento literário.

A PARTICIPAÇÃO

Sob a denominação de participação buscamos reunir as várias maneiras que temos de compartilhar nossas leituras antes, durante e depois do ato físico da leitura. É assim que uma forma muito básica de participação é aquela que demanda dos ouvintes que repitam o refrão, como acontece normalmente na contação de histórias. Também é comum, na leitura em voz alta para crianças, que o professor, antes de iniciar a leitura, apresente o livro e estimule as crianças a predizerem o seu conteúdo com base na capa e no título. A indicação da obra, após a leitura, para um amigo porque se acredita que o texto tem algo a lhe dizer é outra forma de participação que se faz quase automaticamente em ambientes não escolares e que pode ser aproveitada na escola para uma espécie de acompanhamento da leitura independente, aquela que o aluno faz escolhendo livremente o livro para ler durante um tempo determinado. Então, o professor acompanha a indicação que deve ser justificada com detalhes da obra.

A leitura protocolada

Ao largo dessas atividades e suas variações, há formas de participação um tanto mais estruturadas e que demandam um envolvimento maior do leitor e do professor no diálogo que constitui a leitura. Uma dessas estratégias é a chamada *leitura protocolada* ou leitura por meio de inferências (Terwagne, 2006). Ela consiste em estabelecer com os leitores predições sobre o texto com base no título e na capa. O professor inicia a leitura ou os próprios alunos leem um trecho e param para verificar se as predições se confirmaram. Em seguida, discutem e realizam novas predições e assim por diante até terminar o texto. A atividade pode ser realizada em apenas uma aula com um texto curto ou durante um período maior de tempo com a leitura semanal de capítulos, por exemplo.

As estratégias de leitura

Outra forma de participação que promove a interação do leitor com o texto é o uso das *estratégias de leitura*. Basicamente, esse uso consiste em levar o leitor, sobretudo os alunos dos anos iniciais do ensino fundamental, a refletir sobre o processo da leitura e usar conscientemente estratégias para compreender o texto, assim como monitorar esse entendimento. O número dessas estratégias varia conforme o autor. Aqui vamos nos apoiar na proposta de Cyntia Girotto e Renata Souza (2010), que traz não apenas a descrição das estratégias como também sugestões de atividades com crianças.

Uma primeira estratégia é a ativação do conhecimento prévio que funciona como uma estratégia-base, pois é usada em todos os momentos de uma leitura e ajuda a realização das outras. Ativar o conhecimento prévio consiste em inserir o texto a ser lido em um contexto, mais ou menos nos termos que descrevemos para as atividades de predição que antecedem a leitura de um texto.

Uma segunda estratégia é a conexão, por meio da qual o leitor estabelece associações pessoais com o texto, tal como se lembrar de um episódio semelhante vivido ou narrado por alguém (conexão texto-leitor), fazer uma ligação com outro texto (conexão texto-texto) e relacionar o texto com situações sociais amplamente conhecidas (conexão texto-mundo).

Outra estratégia é a inferência, que consiste em reunir pistas dadas pelo texto para chegar a uma conclusão ou interpretação sobre o que se está lendo. Uma atividade comum de inferência é construir o sentido de uma palavra pelo seu contexto.

Uma quarta estratégia é a visualização que, como bem diz o termo, passa pela construção de imagens mentais sobre o que está sendo abordado no texto, o que demanda, obviamente, recorrer à experiência de mundo do leitor. Uma forma de visualizar é verificar no texto palavras e expressões que remetem aos sentidos ou como as descrições são transformadas em imagens pelo leitor.

Uma quinta estratégia é a sumarização, que é a seleção dos elementos mais importantes de um texto. Essa estratégia pode ser ensinada por meio de anotações nas margens dos textos ou em um quadro que acompanha a leitura destacando palavras ou conceitos que são essenciais para o entendimento daquele texto. Uma última estratégia é a síntese que vai além do resumo do texto ao demandar que o leitor apresente uma visão pessoal do que foi lido. Para tanto, o professor pode lançar mão da paráfrase e do reconto como atividades que favorecem a síntese.

Para ensinar essas estratégias, as autoras sugerem que o professor adote os seguintes passos. Primeiro, o professor mostra brevemente aos alunos como ele processa a leitura, ou seja, explicita e demonstra determinada estratégia. Depois, com os alunos em grupos em uma prática guiada ou leitura independente, eles mesmos tentam colocar em prática ou reconhecer a estratégia no seu processo de leitura. Ao final da aula, o professor retoma, também brevemente, aquela estratégia avaliando com os alunos o que conseguiram realizar. Aos poucos, os alunos vão internalizando as estratégias, tornando-se capazes de "ampliar e modificar os processos mentais de conhecimento, bem como compreender um texto" (Girotto e Souza, 2010: 108).

Ao adotar a prática das estratégias de leitura, o professor precisa atentar para alguns aspectos dessa prática, para não correr o risco de esvaziá-la de sentido e transformá-la em mais uma atividade mecânica na escola (Hirsch, 2006). Em primeiro lugar, quanto mais ricos de sentidos forem os textos a serem lidos, mais relevantes serão as estratégias utilizadas, por isso convém selecionar textos com bom nível de elaboração estética, mesmo para crianças pequenas ou em processo de alfabetização. Depois, é importante compreender que as estratégias são um meio e não um fim, ou seja, elas são importantes para compreender os textos, para o processo da leitura, mas o fim é a leitura daquele texto, o que ele diz e como diz, a sua compreensão e interpretação é que deve ser o resultado da atividade.

O fandom

É uma forma recente e potencialmente significativa de participação. Embora não seja uma atividade escolar reconhecida, nada impede que seja usada nas aulas de literatura e língua portuguesa. O fandom ou fanfiction vai além de textos escritos a partir de obras cultuadas, ou seja, o texto do fã que reescreve, amplia ou dá continuidade à obra original ou aos personagens que admira, para atingir uma constelação de textos ou gêneros de um sistema literário que tem a peculiaridade de se desenvolver na internet. É isso que defende Fabiana Miranda (2009) ao argumentar que o fandom é uma comunidade reunida em torno de uma obra literária que produz uma série de outros textos de diversas naturezas a partir da leitura dessa obra original ou de referência. Nas palavras entusiasmadas da autora, "o fandom existe pela convergência de imaginários de uma comunidade de leitores de uma mesma obra", ou seja, "o sentimento de pertencer a uma comunidade literária é o elemento que promove a identificação entre os textos, imagens, vídeos produzidos pelos participantes desta comunidade" (Miranda, 2009: 4). Essa produção é categorizada pela autora como: fanfiction, o texto escrito pelo fã a partir da leitura da obra original, aproveitando cenários, personagens e episódios; fanarts, representações gráficas como desenhos e ilustrações ligadas à obra original; fanvídeos, vídeos feitos a partir de montagens de fotogramas de filmes baseados na obra até animações e produções feitas especialmente para ilustrar ou tratar de algum aspecto da obra. O universo do fandom é ainda complementado por duas práticas de interação com a obra original que acontecem fora da internet, mas com forte divulgação no ciberespaço: o cosplay, caracterização do fã como uma personagem para se apresentar em festivais ou eventos similares; e o fanhit, composição musical feita pelo fã.

Mais do que a diversidade de meios de expressão, um traço relevante da fanfiction é que se trata de uma escrita colaborativa, como acentua Larissa Carvalho ao destacar que os autores são incentivados por outros autores ou simplesmente leitores. Esse incentivo não é apenas encorajamento para continuar escrevendo, mas também correção tanto de ordem gramatical, quanto literária, de forma que "as fanfics produzem uma enciclopédia de conhecimentos ficcionais (das obras que os jovens são fãs) e mesmo de caráter escolar" (Carvalho, 2012: 186). Além disso, o fandom é essencialmente uma comunidade virtual de leitores em que os jovens se tornam "escritores, roteiristas, designers, compositores, poetas, enfim, experimentam lugares de sujeitos no vasto espaço da cultura escrita na contemporaneidade" (Carvalho, 2012: 187). Tudo isso faz da facfition uma prática de leitura bastante relevante para o letramento literário.

Organizar um facfition ou um fandom na escola, no entanto, requer alguns cuidados. O primeiro se refere à questão da propriedade intelectual. Há escritores que aparentemente se sentem homenageados, mas outros se ressentem do uso de suas criações, como é o caso de Anne Rice, que não admite que seus vampiros sejam apropriados por leitores participativos. Outro cuidado é que, como a maioria das fanfictions se desenvolve em torno de *best-sellers*, seriados de TV e produtos da cultura de massa, o professor precisa estar preparado para negociar as leituras desses produtos, cuidando para que sejam literárias, ao lado de leituras de obras que julgue mais relevante para a formação do leitor. Também convém cuidar do uso escolar ou institucionalizado do fandom que não deve descaracterizar esse tipo de leitura, ou seja, a relação precisa mesmo ser de fã, pois do contrário será apenas uma tarefa escolar feita na internet. Mais importante, ainda, é o cuidado com o produto mesmo da apropriação que não pode ser uma mera paráfrase do texto original, nem um mero pasticho do que já se encontra na internet. Como qualquer prática de leitura interativa, o fandom precisa de orientação do professor para resultar no trabalho de participação e de criatividade que é a resposta do leitor ao texto que é referência para si e para a sua comunidade de leitores.

O RPG

Esses mesmos cuidados devem ser observados para um outro tipo de leitura participativa que os jovens também fazem da literatura. Trata-se do RPG, traduzido como jogo de personificação ou jogo de representação, entre outras denominações. Há vários parentescos entre uma e outra forma de leitura, pois ambas são apropriações de um texto original, seus cenários e personagens para a criação de novos elementos.

No caso do RPG, entretanto, a apropriação não se faz, usualmente,[4] pela escrita ou outro recurso midiático, mas sim pela voz, e a interação é imediata. De um modo geral e retomando o que já registramos anteriormente, o RPG pode ser definido como um jogo narrativo criado a partir de um cenário, personagens e regras previamente estabelecidas. Os participantes são divididos em um mestre, que atua como um narrador, e os demais jogadores, que são as personagens. A narrativa é desenvolvida com o mestre indicando elementos do cenário, os conflitos a serem resolvidos por meio de tarefas e as regras do jogo que se aplicam a cada situação. As personagens possuem diversos atributos físicos e psicológicos, saberes e instrumentos previamente definidos e com base neles os jogadores vão construindo cooperativamente a narrativa. A interação entre o mestre e os jogadores é feita por meio de um ou mais dados que indicam, conforme a regra do mestre, o sucesso ou insucesso da ação do jogador. Tudo isso é feito oralmente com os participantes incorporando seus papéis e narrando cada passo da narrativa.

Embora seja um modo de diversão típico de adolescentes e jovens, ou justamente por isso, o RPG tem sido aproveitado nas escolas como uma ferramenta didática valiosa, conforme mostram os quatro simpósios RPG e Educação, ocorridos entre 2002 e 2006 em São Paulo, além de exemplos de uso bem-sucedido em várias disciplinas e níveis de ensino (Morais e Rocha, 2012; Cupertino, 2008; Borralho e Viegas, 2005; Rodrigues, 2004; Aguiar, 1998/99; Marcatto, 1996). Enquanto prática de leitura literária interativa, os benefícios pedagógicos do RPG se somam aos de outras áreas como motivação e cooperação entre os alunos, mas vai além pela peculiaridade de permitir que o leitor assuma a narrativa por si mesmo, seja na posição de narrador ou da personagem. Narrativa que constrói coletivamente com a ajuda de seus parceiros no jogo, mas também com conhecimentos literários e domínio de textos e contextos relativos ao cenário onde a história se desenvolve. Domínio que se obtém por meio de leitura minuciosa e atenta dos textos. Tudo isso faz do RPG uma forma especial de leitura interativa, uma prática de leitura participativa muito concreta que leva o leitor a externalizar em palavras o que experiencia na leitura.

O COMENTÁRIO

Talvez uma das formas mais antigas de se relacionar com o texto escrito, o comentário consiste numa apreciação pessoal da obra que foi ou está sendo lida. Nesse sentido, tanto pode ser a simples anotação que se faz nas margens da página sobre algum trecho que nos chama particularmente a atenção, quanto formas mais elaboradas de tratar das características e avaliação de uma obra. Como prática de leitura e escrita escolar, o comentário é normalmente concebido como uma atividade individual e solitária, mas não precisa ser sempre assim. Tomando o diário e a resenha como formas básicas do comentário, é possível desenvolver uma série de atividades que promovem uma leitura mais interativa da obra do que aquelas herdadas da tradição.

Diário de leitura

Na condição de instrumento didático, o *diário de leitura* não é apenas uma transposição do diário íntimo para o ambiente escolar, pois demanda que a escrita feita incialmente para si mesmo se inscreva na ordem da exposição, tal como acontece com outros gêneros escolares, a exemplo da resenha, do resumo e da dissertação. É assim que o diário de leitura se apresenta como uma reflexão que o leitor faz sobre o texto e o próprio ato de ler elaborada com recursos expositivos que passam pela descrição e explicação (Machado, 1998). Nos termos da prática de leitura do comentário, o diário de leitura é um registro das impressões do leitor durante a leitura do livro, podendo versar sobre dificuldades de compreensão de determinadas palavras e trechos, transcrição de trechos favoritos com observações, evocação de alguma vivência, relação com outros textos lidos, apreciação de recursos textuais, avaliação da ação das personagens, identificação de referências históricas e outros tantos recursos que constituem a leitura como um diálogo registrado entre leitor e texto.

Embora seja uma prática caracteristicamente individual, o diário de leitura pode ser uma atividade compartilhada. Uma forma de compartilhamento é o diário a dois, que consiste em um aluno escrevendo uma entrada e o colega comentando, com explicações ou respostas, as observações do primeiro. A atividade pode se restringir a dois leitores que compartilham o mesmo livro ou livros diferentes com um leitor comentando a leitura do outro a partir de sua própria leitura. Uma variação dessa atividade é o diário da predição, em que um aluno registra o que acontecerá na história explicitando porque tem tal expectativa e o colega faz o ajuste após a leitura, deixando a sua predição para o capítulo seguinte e assim sucessivamente. Também pode ser o diário de leitura da turma, com professor e alunos transcrevendo num painel em uma das paredes da sala de aula ou em um blog na internet os registros semanais de suas leituras, possibilitando que todos conheçam o que está sendo lido por aquela comunidade e partilhem de suas impressões durante o processo.

Uma forma um tanto mais complexa na sua organização é o diário de leitura coletivo em que uma turma de alunos, ao ler um mesmo livro, faz circular os diários particulares entre os alunos sucessivamente, de modo que, ao final da leitura da obra, o diário de cada aluno contém entradas de todos os seus colegas. Para reduzir a complexidade logística da operação, o professor pode dividir a turma em grupos e estabelecer esse sistema de troca dentro do grupo que compartilha a mesma obra. Em todos esses diários, é interessante que o professor também participe da atividade como um leitor entre os outros.

Um exemplo de diário de leitura que transforma o registro em uma atividade fortemente estruturada, assim como estabelece conexão com outras atividades em sala de aula, é dado por Jennifer Redmann (2005) no que denomina de diário de leitura interativo. A proposta da autora é feita para o ensino de língua estrangeira, mas pode ser usada igualmente para língua materna. O diário é composto por diferentes tarefas a serem cumpridas pelo aluno, normalmente na forma de uma entrada no diário com cerca de duas páginas de extensão.

A primeira tarefa é Antes da Leitura, que consiste em acionar o conhecimento prévio sobre o texto, seja por meio de predições a partir do título e da capa, seja pesquisando informações contextuais da temática da obra, seja lendo as primeiras linhas e conjecturando para onde se desenvolverá o enredo. A segunda tarefa é a Síntese do Texto, que não deve ultrapassar o limite reduzido dado para o registro, podendo ser complementada a tarefa extra de escrever uma ou duas frases que expressam melhor o sentido da obra. Essa síntese pode ser lida em sala de aula, trocada entre os colegas ou ainda reelaborada coletivamente com o professor registrando no quadro de giz o texto da turma.

A tarefa seguinte é o Vocabulário, cabendo ao aluno compor uma lista de dez palavras que ele considera fundamentais para o entendimento do texto. A lista não é de palavras desconhecidas, mas sim de palavras que são entroncamentos de sentidos dentro da obra. Caso o professor deseje, pode transformar essa tarefa em um *cloze test*, com os alunos preenchendo palavras em trechos importantes da obra. A próxima tarefa é a elaboração de Questões para Discussão em Sala de Aula. Aqui, além de determinar o número de questões, o professor deve orientar o aluno para produzir questões abertas que conduzam a explicações, motivações de personagens, significado de imagens e não questões de sim ou não ou de localização de informações. Durante a aula, as questões são selecionadas coletivamente e debatidas, transformando-se em atividade de toda a turma. Outra tarefa é Como Foi a Leitura?, que consiste em uma reflexão do aluno sobre o seu processo de leitura, as dificuldades encontradas e os mecanismos usados para contorná-las ou superá-las.

Outra tarefa é composta pelas Atividades de Sala de Aula, que podem ser uma reescritura de um trecho com uma nova perspectiva, um mapa conceitual do texto, uma tabela analítica na qual o aluno relaciona dados do texto com uma interpretação para eles. A tarefa seguinte é uma Resposta à Questão Crítica, que é o registro ao final da aula na forma de uma resposta para qualquer uma das questões discutidas em sala. A última tarefa é a Avaliação Pessoal, consistindo nas impressões que o aluno construiu ao longo da leitura e das tarefas anteriores em relação à obra. É o comentário final do qual se espera uma visão pessoal e aprofundada do texto lido.

Se o professor deseja adotar essa estratégia, convém observar que é importante dar um retorno ao aluno para cada entrada no diário, até mesmo usando o diário como um mecanismo de avaliação formal. Para tanto, precisa ser integrado plenamente à rotina das atividades de sala de aula, quando não ocupar o centro dessas atividades durante o processamento das diversas tarefas e entradas no diário. Além disso, como é uma atividade que requer um dispêndio considerável de tempo, não deve ser aplicada a todas as leituras, mas apenas àquelas que julgue fundamental para o desenvolvimento da competência literária do aluno.

A resenha

A *resenha* é outra prática de leitura de comentário que pode ter seu uso ampliado na escola. Antes é preciso compreender que uma resenha é um texto que resulta da combinação de uma apresentação com uma apreciação. Um exemplo dessa combinação começa com a referência bibliográfica da obra lida colocada bem no alto da página, seguida dos elementos de identificação: título e nome do resenhista. O texto é iniciado com uma sinopse, ou seja, uma síntese do conteúdo, normalmente o primeiro terço da obra lida, deixando clara a temática da obra e seu contexto. Depois vem a caracterização da obra em relação a aspectos gráficos, elaboração textual, endereçamento (a que leitor o livro se destina), aspectos intertextuais e contextuais, entre outros elementos. A parte final é a apreciação, que pode ser feita de forma comparativa ou uma síntese dos elementos que conferem algum valor àquela obra. Naturalmente, essa estrutura pode ser reorganizada de diversas maneiras, o importante é que a resenha contenha, em algum lugar do texto, uma descrição e uma apreciação da obra, sem as quais não se constitui como uma resenha.

Tal como o diário, a resenha pode ser elaborada em pares ou até como uma atividade coletiva da turma, usando recursos semelhantes e com produção durante e após a leitura. Tão importante quanto as estratégias usadas para a elaboração da resenha é a sua divulgação, pois o fim de uma resenha é compartilhar a leitura da obra. Ainda que não seja obrigatoriamente um texto persuasivo, a resenha é feita para dar a outro o conhecimento prévio da obra para que possa decidir pela sua leitura ou não. Por isso, ela pressupõe um diálogo implícito ou explícito entre o leitor e o futuro leitor daquela obra, diálogo que transparece especialmente na escolha dos elementos da caracterização e na apreciação.

Na escola, as resenhas são comumente destinadas ao jornal da escola ou da turma seguindo o modelo das revistas e jornais que apresentam livros e filmes recém-lançados no mercado por meio de resenhas. Mas esse não é o único recurso disponível. O professor também pode lançar mão de sites de resenhas criados pela turma ou usar aqueles já existentes na internet. O Centro de Alfabetização, Leitura e Escrita da UFMG (Ceale), por exemplo, mantém em seu site um espaço denominado "A páginas Tantas", que publica resenhas de alunos, professores e quem mais desejar. Outro recurso é o caderno de resenhas da biblioteca, que guarda e disponibiliza para futuros leitores as resenhas feitas por turmas anteriores. Esses cadernos de resenhas podem ser usados para divulgar obras selecionadas para uma determinada turma ou servir de consulta para empréstimos individuais. As resenhas usadas na escola não precisam ser apenas aquelas produzidas pelos alunos. A coleta de um conjunto de resenhas sobre uma mesma obra feita por diferentes leitores em diferentes períodos em variados suportes (jornais, revistas, blogs, catálogos de editoras etc.), por exemplo, pode ser uma atividade igualmente relevante para o letramento literário. Essa atividade pode ser feita antes da leitura, para que os alunos se informem sobre as obras que serão lidas pela turma, ou depois da leitura, para que seja feito um confronto ou contraste entre a leitura do aluno e a leitura de outros leitores, mais ou menos especializados, mais ou menos interessados em determinados aspectos da obra.

Em suma, como prática de leitura interativa, uma resenha consiste em uma resposta, um posicionamento de um leitor a respeito de uma obra que, ao ser compartilhado, gera uma segunda resposta, um segundo posicionamento, dessa vez do provável leitor que manterá ou não, em última instância, a circulação daquela obra entre os demais leitores. Daí que um circuito ideal de leitura literária seria a leitura da resenha para decidir a seleção do texto a ser lido e, após a leitura, a elaboração de uma nova resenha, que pode ser tanto um registro escrito formal quanto um comentário oral durante uma reunião ou abertura de um debate. É esse pressuposto de diálogo entre o leitor e os futuros leitores que deve ser mantido nas várias atividades de produção e divulgação das resenhas na escola e nas comunidades de leitores que se formam paralela ou independentemente da sala de aula.

A ANÁLISE

A prática da análise compreende uma vasta gama de atividades, a maioria de uso escolar, que vão de um simples roteiro de leitura até uma sofisticada crítica cultural, passando por métodos e teorias da literatura as mais diversas. O que integra essas atividades é a convicção de que, após a leitura da obra, o processo da leitura literária precisa ser complementado com práticas que levem a uma maior interação com o texto, uma exploração de suas características, uma explicitação da construção de seus sentidos, uma compreensão de sua constituição estética, uma interpretação, enfim, que garanta a apropriação daquele texto como parte do letramento literário.

A discussão em sala de aula

Para abordar a prática da análise como parte da leitura interativa, vamos destacar um mecanismo básico de ensino que nem sempre é associado à análise de obras literárias, nem dada a devida importância que tem no processo de interpretação dos textos. Trata-se da *discussão em sala de aula* (e fora dela também). Antes é preciso deixar claro que, quando falamos em discussão como estratégia pedagógica, não estamos considerando que ela seja simplesmente uma atividade preparatória para introduzir um conhecimento ou motivar os alunos para a escrita ou qualquer outra ação posterior de interesse do professor. Discutir em sala de aula implica que os alunos falem uns para os outros, que exponham a sua posição sobre o assunto e ouçam a posição do outro, que interajam entre si e com o professor.

Essa interação é o seu valor como atividade escolar, logo o objetivo da discussão precisa passar por ela. Por isso, não devemos confundir a discussão com um questionário oral, no qual o professor faz perguntas e os alunos recitam respostas com base na memorização de trechos de livros. Ao contrário, trata-se de um debate autêntico em que os alunos dividem dúvidas e certezas, usam as informações do texto para construir argumentos, questionam o texto com base em suas experiências e dialogam entre si tanto quanto com o professor. É essa discussão, como comprovam as pesquisas, que faz "os alunos lembrarem melhor de suas leituras, entendê-las com maior profundidade, responder mais amplamente aos elementos estéticos da literatura" (Nystrand, 2006: 400).

Entendida dessa maneira, há vários modos de conduzir uma discussão em sala de aula que promovem a análise enquanto uma prática de leitura interativa, desde que se observem alguns preceitos. O principal deles é que a discussão seja bem estruturada, tenha objetivo e modo de funcionamento claramente definidos, isto é, não seja apenas uma maneira de gastar o tempo de sala de aula. É essa uma das conclusões de Murphy e outros estudiosos (2009), após analisarem nove programas de leitura,[5] buscando verificar os efeitos da discussão como estratégia pedagógica no desenvolvimento da compreensão crítica dos textos. Para esses autores, fica evidente que a discussão é fundamental para compreensão dos textos, desde que funcione como um meio para se chegar a um fim. De tal forma que se é verdade que a simples discussão em sala de aula não garante o processo de desenvolvimento e aprendizagem do aluno, não se pode negar que a discussão é parte importante desse processo.

Em outro estudo realizado com os mesmos programas de leitura, esse grupo de autores (Soter et al., 2008) procurou identificar as condições mais favoráveis para o desenvolvimento de uma discussão de qualidade e mapear os seus traços discursivos. Sintetizando seus achados, podemos dizer que discussões produtivas são aquelas em que os alunos controlam os turnos das falas e falam por mais tempo que o professor, fazem questões autênticas e compartilham conhecimento entre si, elaboram explanações e usam falas exploratórias, com palavras e expressões condutoras de raciocínio, levando a um aprofundamento do texto ou tópico que está sendo debatido. Elas também se desenvolvem melhor em pequenos grupos, compostos por alunos com diferentes perfis, com exigência de leitura prévia do texto e presença de atividades de aquecimento ou preparação do aluno para participar plenamente do debate, assim como uma atividade de conclusão que favoreça o processamento do que foi discutido. Tais características não diminuem o trabalho do professor, pois é seu papel planejar e estruturar essas discussões, selecionando o texto, ordenando a leitura prévia, orientando, exemplificando e sustentando com vários mecanismos didáticos a participação dos alunos antes, durante e depois da discussão, ainda que deva se resguardar de ocupar o centro do debate.

O seminário socrático

Considerando os resultados dessas pesquisas, vamos tomar o *seminário socrático* como exemplo de uma prática de análise do texto que tem a discussão como atividade principal. Trata-se de uma estratégia pedagógica em que o professor, à maneira de Sócrates, não oferece respostas aos alunos, mas sim promove o questionamento e a reflexão para que eles encontrem suas próprias respostas. A tradução da maiêutica socrática em uma prática pedagógica tem várias versões e essa que apresentamos aqui é uma síntese adaptada dos modelos didáticos conhecidos como Diálogo Socrático (Knezic, 2010; Mitchell, 2006), Seminário Paideia (Billings e Fitzgerald, 2002) e Seminário Socrático (Tredway, 1995) para o nosso propósito de desenvolver a competência literária dos participantes.

128 Círculos de leitura e letramento literário

Um seminário socrático precisa ser preparado com antecedência. O primeiro passo é a seleção de um texto pelo professor e a leitura prévia feita por todos os participantes. O texto pode ser uma obra literária ou um texto sobre uma obra literária, a exemplo de um estudo crítico ou uma resenha. Nesse caso, obviamente, a obra literária também deve ser lida. A extensão do texto a ser lido previamente depende dos objetivos do professor, da temática do curso, da maturidade dos alunos e outras variáveis. Dependendo da extensão e complexidade do texto, os participantes também devem ser orientados a fazer um registro do que compreenderam do texto e suas dúvidas em um diário de leitura ou elaborar uma série de questões, conforme o tipo de questões que definiremos. O professor ou condutor do seminário deve necessariamente elaborar essas questões para qualquer tipo de texto. No momento em que indica o texto a ser lido, o professor deve explicitar como funciona a atividade, seu objetivo e as regras de comportamento esperadas para que os alunos se preparem adequadamente para o evento.

A frequência do seminário pode ser semanal ou quinzenal e ocupar um ou dois períodos de aulas de 50 minutos. O número de participantes não deve ser grande, uma variação ideal para grupos vai de quatro a oito pessoas, podendo chegar a 12 participantes. Em turmas maiores, os alunos podem ser divididos em dois ou três grupos, com um grupo realizando o seminário e os outros dois ocupados com outra atividade de leitura. Alternativamente, a turma pode ser dividida em dois grupos: um deles é o grupo debatedor e o outro, o grupo observador, que é responsável pelo registro do conteúdo do debate, assim como do desenvolvimento da discussão, incluindo a qualidade das perguntas, o comportamento dos colegas e a contribuição que cada um deu para a leitura da obra. Após o debate, eles podem trocar de lugar e ao final todos expõem suas notas para melhorar o nível do seminário. No caso de não haver um grupo observador, esse papel deve ser feito pelo professor. Quando os alunos dominarem a prática do seminário, as atividades podem ser realizadas simultaneamente por dois ou mais grupos, desde que em salas separadas.

No dia do seminário, os alunos e o professor sentam nas carteiras organizadas em círculo no número exato de participantes. Caso haja um grupo de observação, as carteiras devem formar dois círculos concêntricos: um externo, dedicado à observação, e outro, interno, que fará o debate. Independentemente da extensão da obra selecionada, o seminário deve iniciar com a leitura em voz alta de um trecho da obra ou a obra inteira desde que não ultrapasse duas páginas ou dois a três minutos no caso de vídeos ou canções. Caso se julgue necessário, essa leitura inicial pode ser repetida mais duas vezes, sobretudo no caso de textos muito curtos ou com crianças.

Após a leitura, a discussão no círculo interior é iniciada pelo condutor com uma ou duas Questões de Abertura, que são questões voltadas para dados do texto e visam prioritariamente verificar a compreensão de algum aspecto da obra. Essa questão ou essas questões devem ser respondidas por todos os participantes, funcionando como um aquecimento do debate.

Encerrada essa primeira rodada, o condutor faz uma Questão Central, que é uma pergunta aberta cujo objetivo é questionar a obra e as interpretações feitas previamente pelos participantes; são questões que começam com "como" e "por que". As respostas devem ser dadas livremente por qualquer um dos participantes que a partir deste ponto devem ir trocando impressões, dúvidas, fazendo perguntas, concordando com um e discordando de outro, ou seja, debatendo a obra.

Quando o condutor é o professor, ele deve se abster de participar do processo de discussão com sua posição, mas é função do condutor demandar que os argumentos sejam baseados em exemplos, manter o foco da discussão sobre a obra, registrar os consensos, lançar novas questões, ou seja, encaminhar a discussão para uma análise da obra, o que de resto é função de todos os participantes.

Durante o debate, os participantes podem fazer Questões de Clarificação ou Entendimento, as quais buscam esclarecer uma afirmação ou argumento, entender um termo ou expressão, explicitar uma metáfora, localizar uma referência ou dados contextuais. Mais uma vez, o professor deve deixar que os alunos busquem eles mesmos as respostas e só deve intervir quando o dado é importante para a continuidade do debate ou quando o dado sem fundamento conduzirá a uma interpretação por demais equivocada.

A rodada final do debate é reservada para as Questões de Encerramento, feitas, tal como no início, para todos os participantes se manifestarem uma última vez sobre a obra, sumarizando sua leitura ou fazendo uma reflexão pessoal. Essa parte pode ser feita por escrito ou ser o início de um registro mais longo que os alunos devem fazer da leitura da aula individualmente ou em pares.

No encerramento do seminário, o professor deve reservar um breve período de tempo para a avaliação da atividade, podendo enfatizar as regras de civilidade entre os participantes, a exemplo de deixar o colega falar, ouvir com atenção, compartilhar consensos, respeitar opiniões e discordar sem agredir. Também é o momento para fazer correções de conteúdo que julgar necessárias, indicar a próxima obra, reforçar as habilidades de julgamento, comentar as dificuldades da leitura e celebrar a análise realizada pelo grupo.

Como se pode ler, o seminário socrático é uma discussão bem estruturada e que depende muito da condução feita pelo professor. Não haverá discussão autêntica se o professor permanecer no centro do debate, seja emitindo sua opinião, seja controlando excessivamente os participantes. Não haverá interação se os participantes não se expressarem livremente. Não haverá análise se os participantes não lerem a obra. Essas são as condições essenciais para que o seminário socrático desenvolva o pensamento crítico e seja uma prática de leitura literária.

Em síntese, a prática da interação consiste em toda forma de manipulação do texto pelo leitor para aquém, durante e além da leitura, aqui entendida como o contato pessoal e insubstituível com o texto. Ela reúne a maior parte das atividades de exploração dos textos conduzidas pela escola. A longa lista inclui as atividades que indicamos nas seções anteriores e também os questionários, a seção de interpretação do texto nos livros didáticos, as fichas de leitura e tantas outras formas de leitura guiada que funcionam como instrumentos de aferição da leitura do aluno. Por ter essa função marcadamente escolar, essas atividades são aqui e ali questionadas em sua legitimidade e até recusadas como inadequadas para a leitura literária. É certo que os excessos relacionados a essas atividades, sobretudo quando são usadas apenas como uma forma de avaliar o desempenho do aluno, com distribuição de pontos ou notas pela mera execução de tarefas, trazem poucos benefícios para a leitura do texto literário. Se há um problema nas práticas de interação, entretanto, ele não está na exploração do texto patrocinada pela escola, mas sim na transformação dessa exploração em alguma outra coisa que não a busca da construção de sentidos da leitura literária. Além disso, a simples imersão nos textos literários, ainda que de alta qualidade estética, não garante a formação do leitor, que é função primeira da escola. Por isso, uma interação organizada com atividades de participação, comentário e análise é fundamental para a formação do leitor e o desenvolvimento da competência literária. As práticas da interação são rotas traçadas no território que conhecemos como letramento literário. Ao professor cumpre escolher os caminhos que deseja seguir com seus alunos. E se toda jornada começa com um primeiro passo, aqui ele é a leitura de um texto literário. Que novas e conhecidas palavras os acompanhem!

NA VIDA E NA ESCOLA

Todas essas práticas aqui revisadas não são exclusivas da leitura literária. Na verdade, elas fazem parte do ato de ler nas mais diversas situações e respondem a variadas necessidades de interação com os textos. Quando aplicadas ao texto literário, entretanto, elas ultrapassam o mero exercício da leitura para funcionar como um meio de desenvolver a competência literária do leitor, proporcionando uma experiência singular com a palavra. Por ter tal funcionalidade, elas não podem deixar de estar presentes na escola, ainda que possam e devam ser praticadas independentemente da escola em qualquer comunidade de leitores. Nenhuma delas, tomadas em separado, é suficiente para promover a leitura literária. Para isso, elas precisam ser combinadas em um conjunto coerente e consistente de práticas que constituem um programa de leitura. É esse programa de leitura que devemos buscar construir em nossas escolas se quisermos formar os leitores literários.

Entre as várias práticas de leitura literária há, entretanto, uma que merece atenção especial do leitor por reunir em torno de si outras tantas práticas e assim ter o potencial de funcionar como atividade central de qualquer programa de leitura. Ela consiste no compartilhamento de leituras por um grupo de pessoas. É uma prática que demanda a leitura silenciosa e solitária, feita normalmente em casa ou em um tempo reservado para isso na escola. Também pode envolver a leitura em voz alta de trechos dos livros quando um romance ou do texto integralmente quando um poema ou um conto mais curto. O tempo destinado à leitura depende de um acordo dos membros do grupo. Normalmente, há uma alternância de tempos entre leitura solitária e encontros para a leitura coletiva, podendo ser mais ou menos intensa a atividade da leitura.

A leitura é guiada, pois usualmente segue procedimentos previamente estabelecidos, mas esses procedimentos podem ser bastante variados e, o que é mais notável, autodeterminados, pois o grupo gera a si mesmo. Nas situações de aprendizagem, como acontece na escola, os grupos naturalmente passam pela intervenção pedagógica do professor, mas isso não tira a autonomia característica da atividade, pois os protagonistas da leitura são os alunos que compõem o grupo e não o professor. Embora receba denominações diferentes em suas diversas manifestações dentro e fora da escola – clube do livro, clube de leitura, círculo de literatura –, vamos denominá-la aqui de círculo de leitura. É sobre a construção, organização e funcionamento de círculos de leitura que versará os dois últimos capítulos deste livro.

FÁBULA 5
A CONTADORA DE HISTÓRIAS

D. Soninha, roliça em seus 73 kg comprimidos em 1,52 m de altura, andando em passos miúdos e mancando do lado direito por conta de uma queda de cavalo ainda da época do primeiro marido, percorreu a fila de cadeiras do auditório e lá na frente se apresentou:

– Sou contadora de histórias.

O público, constituído de homens engravatados e mulheres de impecáveis tailleurs não esboçou reação, como se esperasse que algo mais viesse para justificar a presença de D. Soninha no evento. Mas ela apenas repetiu com mais ênfase:

– Sou contadora de histórias.

E completou após observar o silêncio obsequioso da plateia:

– Escutem.

A história não era longa. Em cerca de 40 minutos, talvez um pouco mais, começo, meio e fim, com direito a peripécias e algum suspense no destino final das personagens – um pássaro, um peixe de aquário, um cavalo e uma mangueira –, D. Soninha deu por encerrada sua participação no seminário. Estava emocional e fisicamente cansada. Contar aquela história a transportava para os tempos de criança quando morava com os pais em um pequeno sítio no interior de Minas Gerais. Os folguedos de criança vinham tão misturados com o texto lido que já não sabia se vividos ou apenas recuperados pelas palavras da narrativa, a memória fundindo eventos e emoções. A voz que modulava as notas alegres e nostálgicas do destino de cada personagem já não era apenas dela, mas também da garotinha que fora, da mãe cantando trovas na beira do riacho, do pai puxando a reza da noite, dos irmãos em alarido pelo pequeno campo em volta da casa. Todos falando pela sua boca as palavras da história que naquele momento era tão dela quanto do nome impresso na capa do livro. Contar a história era viver duplamente – outrora e agora – o que as palavras escritas diziam ao seu coração.

Um silêncio tenso pareceu dominar a plateia. Por alguns segundos, D. Soninha olhou para aqueles rostos procurando entender o que eles sentiam. Mas logo uma série de aplausos entusiasmados se seguiu. Já não eram mais homens engravatados e mulheres de tailleurs, mas simplesmente homens e mulheres tocados pela velha e infalível força da ficção. D. Soninha sorriu para si mesma e curvou-se em agradecimento.

As práticas da leitura literária 133

O professor da Fundação que comandava o evento agradeceu efusivamente sua participação e fez questão de justificar a iniciativa de trazer uma contadora de histórias para a abertura do seminário. Em sua opinião, a contação de histórias era prática ancestral que se mantinha na pós-modernidade pela necessidade que todos temos de exercitar a imaginação, a emoção e a sensibilidade. Também era competência essencial do novo profissional que se pretendia formar a partir daquele evento. Deu exemplos de espaços, como hospitais e casas de repouso, onde a atividade cumpria um importante papel tanto na recuperação de enfermos quanto na socialização de idosos. Citou ainda pesquisas americanas sobre os benefícios desse exercício de interação e imaginação na área de gestão de pessoas e como ele afetava positivamente o desenvolvimento das empresas.

D. Soninha não esperou o final dos novos aplausos agora ainda mais entusiasmados e desceu do palco com seu passo de passarinho machucado, dirigindo-se ao saguão onde o café, que seria mais tarde servido sob a denominação elegante de *coffee break*, estava sendo preparado. Ela nunca resistia a uma broa de milho com café, ainda mais se acompanhada de pão de queijo, bem-casado e outras miudezas do sal e do açúcar que passavam em fartas bandejas e cestas. Usando de muita simpatia e delicadeza, discretamente abanando o crachá do evento, ela foi se servindo de tudo um pouco. Com o prato cheio, retirou-se para um cantinho para comer sossegada.

Antes de concluir a segunda mordida, porém, ouviu um pigarro e uma voz gentil e firme às suas costas:

– Com licença.

D. Soninha se voltou e viu postada a sua frente uma mulher de cabelos bem arrumados, maquiada com sobriedade, colar de pérolas, camisa branca, saia lápis preta, bolsa de couro com corrente, meias finas e sapato de salto alto. Quase por instinto, D. Soninha procurou bolsos em sua saia rodada onde pudesse enfiar algumas das guloseimas que tinha na mão. Mas não havia nenhum. A mulher pareceu perceber seu embaraço e adiantou-se a qualquer resposta para deixá-la à vontade:

– Meu nome é Laura. Podemos conversar um pouco enquanto você toma seu café? Eu queria lhe dizer que eu também morei naquela fazenda quando criança e na minha casa tenho um aquário com um peixinho vermelho.

A conversa foi aos poucos ganhando descontração e intensidade. As duas mulheres trocaram memórias e impressões sobre aquela obra e outros personagens de outros tantos livros lidos dentro e fora da escola. As histórias lidas se superpondo às vividas em uma mistura de tempos e vozes. O mundo se transformando nas letras e nas ações que, misturadas e influenciadas mutuamente, teciam o que cada uma chamava de sua história de vida. Uma história de leitoras. Uma história de leituras.

Depois do abraço de despedida, D. Soninha terminou de mastigar o que sobrava de seu lanche. Lá no fundo de si mesma, a satisfação de ter se conectado com outra leitora trazia um tipo diferente de saciedade. O prazer do açúcar e do afeto misturados na leitura dos livros que a partir dali as duas mulheres compartilhavam.

NOTAS

[1] Essa é talvez a grande contradição da chamada literatura de autoajuda. A leitura desses textos supõe que eles tragam respostas para as inquietações éticas de uma vida excessivamente materialista. Todavia, as receitas, as prescrições e os conselhos presentes nesses textos satisfazem apenas durante a leitura, pois não supõem a reflexão própria que é a base de toda construção moral.

[2] Ainda nas palavras de Ceccantini (2009: 213), a hora do conto "remete ao gesto ancestral dos homens de outras épocas, que, sentados à beira de uma fogueira, compartilhavam experiências, histórias, sentidos, quando ainda não havia o livro e essa atividade era vital para a continuidade entre as gerações. Assim, quem sabe, é possível pensar 'a hora do conto' como a atualização, para os pequenos leitores em formação, desse gesto fundamental de construção de sentidos, sem o qual não há educação de qualidade".

[3] Fora do ambiente escolar, em alguns casos associada à biblioterapia, a contação de histórias é cada vez mais comum em hospitais e clínicas de recuperação como uma estratégia de diminuir ou amenizar o estresse da internação hospitalar (Mussa e Malerbi, 2008) e construir uma narrativa que dê sentido para o vivido (Campos-Brustelo, Bravo e Santos, 2010). Nesses casos, os princípios e os mecanismos que regem a contação de histórias são os mesmos, mas os meios e os fins são diferentes daqueles destinados à formação do leitor.

[4] Estamos considerando aqui uma sessão de RPG presencial como protótipo do jogo, mas há softwares desenvolvidos para o jogo no computador, além de sites e comunidades virtuais que permitem o jogo on-line com participantes de qualquer lugar do mundo, conhecidos como *Massively Multiplayer Online Role Playing Game*. Entre esses RPGs on-line de largo uso entre adolescentes e jovens brasileiros destacam-se *World of Warcraft* e *Ragnarok Online*.

[5] Esses programas são: Raciocínio Colaborativo (Collaborative Reasoning), Seminário Paideia (Paideia Seminar), Filosofia para Crianças (Philosophy for Children), Conversas Instrucionais (Instructional Conversations), Questionamento Compartilhado por Crianças de Grandes Obras (Junior Great Books Shared Inquiry), Altas Conversações (Grand Conversations), Questionando o Autor (Questioning the Author), Clube do Livro (Book Club) e Círculos Literários (Literature Circles).

Círculos de leitura: um quanto de teoria e um tanto de práticas

> Tornar-se e ser-se leitor não envolve apenas o domínio e mestria de uma técnica, mas envolve também uma forma de posicionamento face ao escrito é às práticas de apropriação dos sentidos textuais. Este posicionamento, constitutivo da história pessoal de cada sujeito, é uma função de um processo social mais vasto que prescreve um conjunto de convenções sobre as possibilidades e impossibilidades inerentes às ações individuais e sociais da leitura (Dionísio, 2000: 393).

Imaginemos entre 10 e 25 pessoas sentadas em círculo em uma sala de reunião de um hospital. Eles são médicos, enfermeiras, técnicos de laboratório, assistentes sociais, diretores de áreas técnicas, membros do conselho curador e outros profissionais que trabalham naquele hospital. O tema da reunião é um romance que foi lido previamente e está sendo discutido por eles com a ajuda de um professor de literatura e o objetivo imediato é que eles compartilhem suas leituras e aprofundem as interpretações daquele livro. Por isso, durante a discussão, toda contribuição é bem-vinda e não há interesse em formar especialistas, antes reunir em um debate as diversas maneiras como aquele texto pode ser lido, sem que uma interpretação seja considerada melhor do que outra ou se deva chegar a algum consenso, o que não impede que sejam examinadas, revistas e ampliadas à luz da contribuição de todos. As obras são selecionadas de acordo com o ambiente de trabalho, ou seja, os variados tipos de textos envolvem de alguma maneira o cuidar de pessoas, ainda que não necessariamente doentes. As reuniões são realizadas por um período de duas horas, uma vez por mês, em um ciclo básico de seis meses. Ao final desse período, todos os participantes fazem uma avaliação por escrito da experiência e um novo ciclo se inicia.

O que acabamos de descrever não é fruto da imaginação, nem delírio de um professor de literatura. Trata-se da experiência de uma comunidade de leitores de literatura do setor profissional da saúde que adotou a estrutura e o funcionamento de um círculo de leitura. Especificamente é a descrição do programa "Literatura e Medicina: Humanidades no Coração da Assistência Médica", promovido pelo Conselho de Humanidades do Maine, uma organização não governamental (Bonebakker, 2003). O programa começou em 1997 em um hospital da cidade de Bangor e logo se estendeu por todo o estado americano do Maine. Em 2012, o Programa já havia ultrapassado suas fronteiras estaduais e se espalhado por hospitais de 25 estados americanos e até mesmo do exterior, com a adesão de vários hospitais e casas de saúde de Buenos Aires, na Argentina. Para atender a essa crescente demanda, o Conselho de Humanidades do Maine oferece um treinamento para outras instituições de saúde que queiram adotar sua proposta e também a professores de literatura que desejem participar dela, além de promover dois congressos nacionais sobre Literatura e Medicina (2007, 2010) e publicar antologias com textos que são usados no Programa (Maine, 2012). Mas por que médicos e profissionais de saúde em tantos hospitais dedicam parte de seu tempo para ler em conjunto obras literárias? Porque, ao ler os textos literários dessa maneira, eles estão aprendendo a tratar melhor seus pacientes. Porque "ler e discutir literatura é uma oportunidade para expandir a compreensão da experiência humana da doença e da morte e desenvolver habilidades comunicativas" (Bonebakker, 2003: 963). Porque, ainda mais especificamente,

> avaliar pacientes requer as mesmas habilidades exercidas pelos leitores cuidadosos: respeitar a linguagem, adotar pontos de vista diversos, integrar fenômenos isolados de forma que façam sentido, organizar eventos em uma narrativa que leva a uma conclusão, entender uma história no contexto de outras feitas pelo mesmo autor e estar alerta à possibilidade de um narrador não confiável. (Bonebakker, 2003: 966)

É isso que a comunidade de assistência à saúde aprende no seu programa de leitura. É isso que todos nós aprendemos quando praticamos a leitura literária. É isso que busca oferecer um círculo de leitura. Para compreender como isso acontece, abordaremos, neste capítulo, as várias faces do letramento literário que se efetiva por meio de comunidades de leitores reunidas em círculos de leitura. Para começar, procuraremos deixar mais clara a noção de comunidade de leitura e por que um círculo de leitura é uma das maneiras privilegiadas de uma comunidade de leitores se constituir explicitamente. Depois, vamos verificar exemplos de funcionamento dessa prática dentro e fora da escola.

UM QUANTO DE TEORIA: COMUNIDADES DE LEITORES

Embora a noção de comunidade de leitores possa ser deduzida de vários estudos sobre a literatura, o ponto central dessa concepção no campo literário parece ter partido do texto de Stanley Fish, *Is there a text in this class?* (1995), publicado inicialmente em 1980. Nesse texto, o autor argumenta que o que designamos como texto literário é, na verdade, resultado de uma construção do leitor, ou seja, é porque se lê um determinado texto como um poema que ele se torna um poema e não porque possua alguma característica ou organização textual que indique tal coisa. A decisão de ler um texto como poema não é, todavia, individual. Ao contrário, qualquer texto pode ser um poema porque tanto a categorização como os sentidos que damos a um texto estão previamente assegurados pelas regras da comunidade interpretativa à qual pertencemos. São essas comunidades, atravessadas por convenções, contextos e instituições, que pré-determinam o que é o texto e como deve ser lido. Por essa razão, não há texto ou leitor isolados, pois o que temos são "leitores cujas consciências são constituídas por um conjunto de convenções que quando postas em operação constituem, por sua vez, um objeto convencional e convencionalmente percebido" (Fish, 1995: 332).

Todavia, não se trata apenas de reconhecer que nós e nossos objetos são perpassados pelas convenções de uma comunidade interpretativa, que nossa percepção de mundo está relacionada aos nossos interesses e ao ambiente social em que vivemos. O ponto principal da argumentação de Fish é que não há nem leitor nem texto fora das convenções de uma comunidade, que só podemos pensar a nós mesmos e aos textos a partir e dentro de uma comunidade interpretativa. Reconhecer, portanto, que toda interpretação é resultado das convenções de

138 Círculos de leitura e letramento literário

uma comunidade, que são as regras dessa comunidade que informam o que lemos e como lemos, não tem por objetivo superar essas regras e convenções em busca de uma definição objetiva ou mais adequada de leitor ou texto, mas sim compreender que nossas leituras são construídas dentro do jogo de forças de uma comunidade e que é por meio da participação nessa comunidade que nos constituímos como leitores.

Abordando a noção de outro ponto de vista, Roger Chartier (1999) toma as comunidades interpretativas, agora denominadas de comunidade de leitores, como parte de sua proposição de pesquisa. Para o autor, um historiador da leitura deve considerar em sua reconstrução do passado tanto os textos quanto as práticas de leitura, compreendendo, por um lado, que as práticas de leitura não podem ser reduzidas às posições de leitor dadas pelos textos; e, por outro, que essas práticas são limitadas pela forma de existência material e discursiva dos textos e "obedecem a regras, lógicas e convenções". Uma história da leitura, portanto, consiste em "construir comunidades de leitores como sendo *interpretives communities* [comunidades interpretativas] [...], observar como as formas materiais afetam os seus sentidos, localizar a diferença social nas práticas mais que nas diferenças estatísticas" (Chartier, 1999: 27). A noção de comunidades de leitores usada por Chartier fica ainda mais clara quando ele destaca que a concreticidade das práticas de leitura se traduzem em "gestos", "espaços" e "hábitos" específicos. Aspectos que ficam evidentes quando se contrastam as competências de leitura, que vão bem além da divisão entre analfabetos e alfabetizados, e "as normas e as convenções de leitura que definem, para cada comunidade de leitores, os instrumentos e procedimentos da interpretação" (Chartier, 1999: 13). A partir de tais palavras podemos inferir que para Chartier uma comunidade de leitores é um espaço de atualização, por conseguinte também de definição e transformação, das regras e convenções da leitura. Uma forma de interação social por meio da qual as práticas de leitura ganham a especificidade e concreticidade dos gestos, espaços e hábitos.

Entendida nesses termos e retomando o que expusemos no primeiro capítulo, podemos propor, com a ajuda da teoria do polissistema de Even-Zohar, que uma comunidade de leitores é definida pelos leitores enquanto indivíduos que, reunidos em um conjunto, interagem entre si e se identificam em seus interesses e objetivos em torno da leitura, assim como por um repertório que permite a esses indivíduos compartilharem objetos, tradições culturais, regras e modos de ler. Desse modo, embora o processamento físico do texto seja essencialmente individual, a leitura como um todo é sempre social porque não há leitor que não faça parte de uma comunidade de leitura, ainda que nem sempre seja reconhecida como tal. A interpretação que fazemos de um texto, por mais pessoal que nos pareça, está ligada à existência de uma "infraestrutura social da leitura", como nos chama a atenção Elizabeth Long (1993), tanto em termos de instituições, como a escola e a academia, quanto em relação ao mercado, necessário para a circulação dos livros, que determinam "o que está disponível para a leitura, o que vale ser lido e como deve ser lido" (Long, 1993: 193), constituindo o repertório da leitura. Em outras palavras, a relação aparentemente simples entre autor, obra e leitor encontra-se permeada pelas instituições, pelo mercado e pelo repertório que não apenas sustentam como também determinam em grande parte as práticas de leitura de uma comunidade.

Dentre as muitas e diversas maneiras de constituição explícita ou formal de comunidades de leitores, isto é, de grupos de leitores que se reconhecem como parte de uma comunidade específica, o círculo de leitura é uma prática privilegiada. Primeiro, porque, ao lerem juntos, os participantes do grupo tornam explícito o caráter social da interpretação dos textos e podem se apropriar do repertório e manipular seus elementos com um grau maior de consciência, quer seja para reforçar ou para desafiar conceitos, práticas e tradições – ler em grupo, argumenta Long, "encoraja novas formas de associação e fomenta novas ideias que são desenvolvidas em diálogo com os outros e com os livros" (Long, 1993: 194). Depois, porque a leitura em grupo estreita os laços sociais, reforça identidades e a solidariedade entre as pessoas – é ainda Long quem diz que "o ato de ler em grupo e decidir qual o seu programa se apresenta como uma ocasião para que as pessoas se definam quem são cultural e socialmente e busquem solidariedade com seus iguais" (Long, 1993: 197). Por fim, porque os círculos de leitura possuem um caráter formativo, proporcionando uma aprendizagem coletiva e colaborativa ao ampliar o horizonte interpretativo da leitura individual por meio do compartilhamento das leituras e do diálogo em torno da obra selecionada – de certa forma, um círculo de leitura tem os mesmos predicados dos Círculos de Cultura de Paulo Freire, que os localizava como espaços de diálogo e participação em lugar do ensino doador e passivo tradicional (Freire, 1983). É pelo reconhecimento de seu aspecto formativo que os círculos de leitura têm sido amplamente adotados nas escolas, sobretudo pela sua aplicabilidade na formação do leitor.

UM TANTO DE PRÁTICA NA ESCOLA: O CÍRCULO DE LITERATURA

Talvez um dos mais bem-sucedidos e certamente um dos mais conhecidos modelos de círculos de leitura é aquele proposto por Harvey Daniels (2002) sob a denominação de círculo de literatura. Trata-se, como defende o autor, de uma atividade de leitura independente em que grupos de alunos se reúnem para discutir a leitura de uma obra. Tornando operacional essa definição geral, o círculo de literatura de Daniels tem as seguintes características essenciais:

a) a escolha da obra que será objeto de leitura é feita pelos próprios estudantes;

b) os grupos são temporários e pequenos, ou seja, reúnem-se para a leitura de uma obra de quatro a cinco alunos que devem trocar de grupo na próxima obra;

c) os grupos leem diferentes obras ao mesmo tempo;

d) as atividades dos grupos obedecem a um cronograma de encontros que se estendem pelo ano inteiro;

e) registros feitos durante a leitura são fundamentais para desenvolver a discussão sobre o livro, podendo ser um diário de leitura, anotações em *post-it* e fichas de função (registros que os alunos fazem a partir de uma função previamente definida em relação ao texto);

f) os tópicos a serem discutidos são definidos pelos próprios alunos;

g) as discussões em grupo devem ser livres para que os alunos as sintam como um processo natural de discussão;

h) a função do professor é dar condições para que a atividade aconteça, agindo como um facilitador;

i) a avaliação é feita por meio de observação e autoavaliação do aluno;

j) uma aula de círculo de literatura é uma aula divertida, com muita interação entre os alunos;

k) os novos grupos se formam a partir da seleção das obras para leitura, ou seja, primeiro se escolhe a obra e os alunos que escolheram aquela obra formam um grupo. (Daniels, 2002: 18-27).

Seguindo essas orientações, um círculo de literatura começa com a seleção dos livros pelo professor, que monta uma lista segundo os interesses da turma. Os livros são levados para a sala de aula para que os alunos possam manuseá-los e indicar os seus preferidos para leitura. O professor registra essa preferência dentro de uma ordem e monta os grupos de quatro a seis alunos seguindo essa ordem de preferência. Em seguida, é estabelecido um cronograma de leitura e de discussão da leitura nos grupos que dura cerca de uma hora em bases semanais – um ou dois dias que podem ser estendidos para a semana inteira se parte da leitura for feita em sala de aula, sendo então necessário reservar dias e horários específicos para essa leitura. Dependendo da extensão da obra, ela pode ser dividida em partes ou capítulos. Essa divisão da leitura no tempo é determinada pelo próprio grupo, mas não pode ultrapassar o tempo geral para aquela rodada de leitura da turma, que pode ser o bimestre, por exemplo, para obras mais extensas e um mês para obras mais curtas.

A partir dessa divisão, os alunos devem ler em casa e fazer um registro escrito da leitura, sendo que os mais comuns são o diário de leitura e as fichas de função. Nos dias da semana marcados para a discussão dos grupos, o professor utilizar os 10 ou 15 minutos iniciais para uma miniaula a respeito de algum aspecto relevante sobre a leitura e o funcionamento dos grupos. A meia hora seguinte é dedicada à discussão do que foi lido pelos alunos com base apenas em suas anotações. Os 15 minutos finais são para o registro individual ou do grupo sobre o que foi discutido naquele dia. Esse registro é retomado na aula seguinte e assim por diante. Havendo possibilidade de tempo e necessidade, o professor pode ainda dispor de 20 minutos para que toda a turma comente como estão seus grupos e ele possa fazer algum comentário de orientação para a continuidade da atividade em uma outra miniaula. Quando a leitura e a discussão daquela obra se encerram, uma aula inteira é reservada para a apresentação da obra lida para toda a turma pelo grupo. Essa atividade pode ser uma simples apresentação oral do que foi discutido pelo grupo ou recomendação do livro a determinados colegas até a elaboração de um produto especial, como árvore genealógica das personagens, entrevistas reais ou imaginárias com ou autor ou personagens, interpretação do texto por meio de encenação, dança ou canção, criação de textos paralelos (diário ou poemas de uma personagem, novos finais e continuação da história, inserção de uma nova personagem) e outras tantas possibilidades que professor e alunos podem desenvolver criativamente quando tocados pela obra. Na aula seguinte, nova seleção é feita e todo o processo recomeça (Daniels, 2002; Day et al., 2002; Brabham e Villaume, 2000; Roberts, 1998).

Dentro desse processo geral, há peculiaridades que precisam ser observadas pelo professor que deseja implementar círculos de literatura em sua sala de aula. Antes de mais nada, se os alunos não possuem experiência prévia de clubes do livro ou atividadedes similares, convém prepará-los para que compreendam e atuem adequadamente nos grupos. Assim, além de explicar o funcionamento geral do círculo, o professor deve demonstrar como ele funciona. Isso pode ser feito através de vídeos que são encontrados na internet, com uma discussão de leitura previamente preparada para servir de modelo entre o professor, a bibliotecária e outros leitores adultos da escola ou com um "treinamento" a partir de um conto ou texto bem curto feito com toda a turma. Essas três atividades não se excluem, ao contrário devem ser realizadas em sequência sempre que se vai "rodar" um círculo de literatura pela primeira vez.

No caso de crianças pequenas, é necessário que o professor dê atenção especial às formas de discussão em grupo, trabalhando com as crianças as habilidades de perguntar, ouvir, argumentar com cortesia e outras que julgue relevantes antes de começar o círculo de literatura. A mesma atenção precisa ser dada para as formas de registro durante e após a leitura, conforme a idade das crianças, sobretudo quando ainda não dominam a escrita. Nesse caso, formas alternativas, como o uso de desenhos e imagens recortadas de revistas, podem ajudar. Também é importante que o professor enfatize os aspectos mais relevantes ou necessários do processo para sua turma. Se os alunos apresentam dificuldade em fazer registros durante a leitura, então vale a pena treinar com eles as formas que serão usadas para fazer esse registro, sempre com exemplos e modelagens, ou seja, o próprio professor mostrando como fazer e levando os alunos a reproduzirem a partir de seu exemplo. Dessa forma, qualquer parte do processo de leitura pode ser destacada e trabalhada previamente pelo professor antes de começar o círculo de literatura.

Escolhidas as obras e organizados os cronogramas, os grupos partem para a leitura. O registro dessa leitura pode ser feito, como vimos, por meio de simples anotações em *post-it* colados ao longo do texto até em diários de leituras, que registram as impressões dos alunos. Uma contribuição interessante de Daniels (2002) para esse registro são as fichas de função. Elas consistem em uma espécie de ficha de leitura que o aluno deve preencher a partir de determinada função que assume no grupo. As folhas são elaboradas pelo professor e o grupo as distribui entre os colegas, preferencialmente alternando as funções. As várias funções são:

a) Conector – liga a obra ou o trecho lido com a vida, com o momento;
b) Questionador – prepara perguntas sobre a obra para os colegas, normalmente de cunho analítico, tal como por que os personagens agem desse jeito? Qual o sentido deste ou daquele acontecimento?

c) Iluminador de passagens – escolhe uma passagem para explicitar ao grupo, seja porque é bonita, porque é difícil de ser entendida ou porque é essencial para a compreensão do texto;

d) Ilustrador – traz imagens para ilustrar o texto;

e) Dicionarista – escolhe palavras consideradas difíceis ou relevantes para a leitura do texto;

f) Sintetizador – sumariza o texto;

g) Pesquisador – busca informações contextuais que são relevantes para o texto;

h) Cenógrafo – descreve as cenas principais;

i) Perfilador – traça um perfil das personagens mais interessantes (Daniels, 2002: 107-32).

Naturalmente, nem todas as funções precisam ser preenchidas por um grupo, assim como o professor pode inventar outras funções conforme as características do texto a ser lido e da turma. Daniels considera que as quatro primeiras funções – Conector, Questionador, Iluminador e Ilustrador – são as mais importantes porque elas estão relacionadas aos hábitos de leitura de um leitor maduro. Também alerta para a dependência que essas fichas de função podem trazer para o grupo, transformando o que deveria ser uma discussão efetiva em uma simples leitura anódina do conteúdo de cada ficha. Para evitar essa dependência, aconselha que o professor abandone as fichas de função tão logo os alunos se habituem ao funcionamento de um círculo de literatura ou até mesmo não usá-las se achar que vai gerar dependência.

Alternativamente, o registro de leitura pode adotar a forma tradicional de um questionário ou ficha de leitura, sendo que são as perguntas que fazem toda a diferença, conforme sugere Day (2002). Seguindo as estratégias da compreensão da leitura que vimos no quinto capítulo, esses autores sugerem que o professor elabore fichas de leitura enfocando as estratégias de conhecimento prévio, conexão, inferência, visualização, perguntas ao texto, sumarização e síntese. Dessa forma, as fichas de leitura poderiam ser elaboradas com uma seleção dentre as seguintes questões:

a) Conexões pessoais: ao que a história o remeteu? A qual experiência de vida a história pode ser relacionada? Você se identifica com algum dos personagens (semelhança/diferença com ele)? Que tipo de leitor gostaria desse livro? Alguma personagem que gostaria de conhecer/ter conhecido na vida real? Compare personagens com você ou alguém que conhece.

b) Identificação de elementos importantes: qual a ideia mais importante do texto? Qual é a parte mais interessante? Descreva o protagonista. Escolha uma personagem secundária relevante para a história e diga por quê. O que o texto lhe trouxe sobre a vida? O título é adequado? Por quê?

c) Expressando sentimentos sobre a história: o que você sentiu ao ler o livro? Que partes fizeram você se sentir dessa maneira? Você acha que outra pessoa gostaria/não gostaria de ler e por quê? Você o recomendaria? Qual a sua parte favorita da história? Qual a personagem favorita? Você foi mudando de opinião ao ler a história?

d) Noticiando a elaboração do texto: o que perguntaria ao autor sobre o livro? Se pudesse trocar uma parte/personagem, o que trocaria? Há algo no livro que considerou estranho/esquisito? Por que o autor incluiu esse aspecto no livro? Há alguma coisa especial na escrita do livro? (Day et al., 2002: 98-9).

Registrada a leitura em fichas de funções ou usando qualquer outro modo de registro, a aula em que os grupos se reúnem para discutir a obra também merece uma atenção especial. Em primeiro lugar, há a miniaula que é, na verdade, o momento em que o professor assume seu papel de professor para ensinar aos alunos alguma questão relevante para o círculo de literatura. Para Daniels e Steineke (2004), essas questões podem versar sobre:

a) as habilidades sociais necessárias à participação na discussão e interação no grupo, a exemplo de saber a sua hora de falar, ouvir com atenção, manter o foco na obra, discordar com cortesia e cumprir as tarefas acordadas, entre várias outras;

b) as estratégias de leitura que ajudam a compreensão dos textos, como visualizar, conectar, questionar, inferir, avaliar, analisar, sumarizar e autoavaliar a leitura;

c) a análise literária que enfoca as questões sobre a elaboração da obra, a maneira como foi construída (Daniels e Steineke, 2004: 8-10).

O importante é que essas miniaulas sejam realmente curtas e estejam diretamente relacionadas aos livros e às necessidades da turma. Não vale a pena fazer uma miniaula sobre a necessidade de fazer contato com os olhos com as pessoas com quem estamos falando se os alunos não apresentam tal dificuldade em seu relacionamento no grupo. O mesmo pode ser dito sobre a miniaula que define romance de formação ou narrativa encaixada quando nenhuma obra lida no momento apresenta tal característica. As miniaulas devem ser absolutamente funcionais.

Por fim, a questão da avaliação. Dado o fato de que o círculo de literatura pretende fomentar hábitos de leitura semelhantes àqueles praticados fora da escola, as formas tradicionais de avaliação – testes, relatório de leitura ou fichas de leitura para gerar uma nota – não são adequadas. As sugestões apresentadas por Daniels e outros praticantes dos círculos de literatura exigem uma outra cultura de avaliação e o uso intensivo de observação dos grupos, com tabelas e outros recursos para registrar e medir o desempenho dos alunos. Também sugerem a autoavaliação dos alunos por meio de fichas que eles preenchem ao final da leitura do livro, podendo ser uma parte dedicada ao seu desempenho e outra relacionada ao desempenho do grupo. O professor pode, ainda, lançar mão dos registros que o aluno faz ao longo da leitura e usar a apresentação final da obra como um resultado passível de avaliação e nota.

Embora seja uma metodologia reconhecidamente consistente e bem-sucedida, como mostram vários estudos, os círculos de literatura não deixam de apresentar alguns problemas em sua execução. A maior parte das restrições e reparos está ligada à essência da proposta, que é a aula de discussão dos grupos.

Em primeiro lugar, reclama-se da falta de conteúdo instrucional ou do enfraquecimento do conhecimento literário durante as discussões, simplesmente deixado de lado. Tanto é assim que nas conversas sobre os livros feitas pelas crianças pouco se ouve sobre "a arte da literatura, seus gêneros, convenções e artifícios literários" até porque "leitura não guiada não é suficiente para se qualificar como estudar" (Sloan, 2009: 125). A despeito de que o conhecimento sobre a literatura possa ser repassado por meio das miniaulas, a verdade é que os círculos de literatura não possuem um forte componente instrucional, precisando ser complementados com atividades que cumpram esse objetivo se for do interesse dos alunos, do professor e da escola.

Depois, aponta-se que os grupos dos círculos de literatura nem sempre se desenvolvem em bases democráticas. Ao contrário, terminam na maioria das vezes por reforçar estereótipos e preconceitos entre os alunos, quer ligados à competência de leitura, quer relacionados a gênero e posição social, entre outros aspectos, sobretudo entre jovens. Para enfrentar essa realidade, cumpre ao professor um trabalho intenso de observação das discussões dos grupos e um trabalho ainda mais intenso em relação à interação social dos alunos entre si. Nada disso, evidentemente, é tarefa fácil ou que se esgota no âmbito da sala de aula, posto que esses comportamentos antidemocráticos não se fazem presentes apenas nos círculos de literatura, antes perpassam todas as atividades escolares e a comunidade como um todo.

Uma terceira restrição ligada à discussão está na qualidade mesma dessa discussão. Em vez de um debate vivo e profundo sobre os livros lidos, em que os participantes se empenham para compartilhar leituras e alcançar novos horizontes interpretativos com seus parceiros de leitura, o mais comum de acontecer em um círculo de literatura é uma discussão algo ensaiada, com os alunos manifestando opiniões que não saem do nível pessoal, sem conseguir ultrapassar uma leitura literal ou apresentar outras contribuições que aprofundem a leitura. Nos casos mais extremos, a discussão se transforma em uma recitação mecânica das fichas de função ou de qualquer outro tipo de registro com os alunos mais preocupados em cumprir no tempo devido a tarefa escolar do que em debater o que foi lido, se é que foi de fato lido. De uma maneira ou de outra, a objeção é que

> se o professor escolhe aplicar os círculos de literatura na sua forma mais pura – com nenhuma interferência do professor e livre escolha dos tópicos de discussão – então não se pode esperar que os alunos desenvolvam um modo ou perspectivas específicos em relação aos textos. (Thein, Guise, Sloan, 2011: 22)

Assim, se o objetivo é desenvolver a competência literária dos alunos, os círculos de literatura podem não ser a metodologia mais eficiente.

As respostas dos praticantes dos círculos de literatura a essas críticas enfatizam a necessidade de não fazer das fichas de função e demais registros de leitura muletas da discussão, mas sim apenas um apoio inicial, devendo ser abandonados o mais breve possível ou até mesmo não serem usados durante a discussão. Também mostram que é extremamente importante treinar os alunos para que desenvolvam a habilidade de discutir sobre a obra e isso pode e deve ser feito com a participação do professor e de outros leitores maduros. Por fim, argumentam que a liberdade de escolher o tópico da discussão não impede que as leituras dos alunos sejam desafiadas pelo professor durante as miniaulas ou até mesmo por sua intervenção no grupo, desde que tal intervenção seja para dinamizar a discussão e não pretexto para uma preleção professoral.

Menos destacado, mas não menos relevante nas restrições à implementação dos círculos de literatura na escola, é o volume de trabalho que exigem do professor. Longe de significar um tempo que pode ser dedicado a sua própria leitura ou até mesmo ao preenchimento de listas de presença e lançamento de notas, como poderiam pensar os mais incautos, as aulas de discussão exigem um intenso trabalho de observação e intervenção quando necessário, inclusive com conversas particulares em horário extra com grupos que estejam com baixo rendimento. O resultado é que os grupos precisam ser constantemente monitorados, ainda que com absoluta discrição, para que as miniaulas sejam produtivas. Além disso, a preparação dos círculos de literatura exige um planejamento cuidadoso de todas as etapas e seleção criteriosa das obras. O acompanhamento das leituras da obra demanda a leitura de registros de todos os alunos e possível resposta individual. Tudo isso inserido no conjunto de outras atividades que o professor planejar, executar e avaliar na sua turma durante a semana.

O reconhecimento dessas dificuldades, porém, não deve desanimar o professor. Ao contrário, o entusiasmo com que essa metodologia tem sido recebida nas escolas mostra que os percalços existem, mas podem ser vencidos e os resultados obtidos são bastante recompensadores. A lista de seus benefícios é extensa, compreendendo desde um maior envolvimento com os textos até o desenvolvimento do pensamento crítico, passando pelo empoderamento do aluno no processo de escolha dos livros para ler e comando das discussões; aprendizagem mediada pelos próprios alunos; riqueza de interpretação por força da diversidade de pontos de vista sobre o mesmo texto; desenvolvimento da compreensão dos textos, da capacidade de resolução de problemas e das habilidades de tomada de decisão; e, acima de tudo, a formação de leitores em todos os níveis de ensino, da educação infantil ao ensino superior (O'Brian, 2004; Thein, Guise, Sloan, 2011; Roberts, 1998).

Na síntese que fazem das principais características dos círculos de literatura, Brabham e Villaume (2000) traçam o perfil dos leitores habilidosos como aqueles que "controlam o seu processo de leitura e constroem ativa e cuidadosamente o sentido do que leem" e completam que "os círculos de literatura são importantes porque eles promovem esses modos ativos e cuidadosos de ler" (Brabham e Villaume, 2000: 278). Do mesmo modo, Carole King (2001), após realizar uma pesquisa usando a metodologia dos círculos de literatura, afirma que, "se as crianças vão se tornar plenamente leitoras então elas precisam ser capazes de ler ampla e criticamente, avaliar tanto a si mesmas como leitoras quanto aos textos que leem e atuar com esse conhecimento",

148 Círculos de leitura e letramento literário

características que são fortemente desenvolvidas nos círculos de literatura. Para a autora, "os Círculos de Literatura são, portanto, um meio de criar uma comunidade de leitores onde tanto o leitor quanto a leitura podem ser valorizados e onde ambos, professor e aluno, podem aprender e ajudar uns aos outros, reconhecendo a leitura como um processo ativo" (King, 2001: 36).

UM TANTO DE PRÁTICA FORA DA ESCOLA: OS CLUBES DO LIVRO

Se na escola e em ambientes similares, a ênfase é sobre o caráter formativo dos círculos de leitura, fora da escola o traço que mais se distingue é a sociabilidade que proporciona. A interação social e o compartilhamento de perspectivas são as marcas que identificam os grupos de leitura formados espontaneamente ou sob o patrocínio de alguma instituição ou organização.

Foi isso que levou um grupo de mulheres de Brasília, vivendo em uma cidade recém-inaugurada e com vida cultural escassa, a se reunirem em um círculo de leitura há mais de 30 anos. Tudo começou com algumas amigas que, após concluir um curso, desejavam continuar a relação estabelecida como turma. Daí nasceu a ideia de um clube do livro, um encontro mensal para lerem e compartilharem a experiência de viver em uma cidade em construção. O Clube do Livro Número 1 de Brasília possui 24 membros – a quantidade de participantes é rigidamente mantida para que as relações de amizade não se esgarcem –, cuja faixa etária varia de 52 a 82 anos. A organização do círculo de leitura é impecável, com registro dos encontros em ata e até uma presidente para organizar e comandar as atividades. Vez por outra, essas senhoras leitoras recebem convidados, que pode ser um estudioso de literatura ou um autor para falar sobre um livro específico ou enriquecer a leitura coletiva (A Força, 2010; Miranda, 2008).

É isso que faz atualmente um grupo de jovens dessa mesma cidade ao se reunir no Clube das Literatas desde 2010. São oito moças na faixa dos 20 anos que cursam Letras na Universidade de Brasília (UnB) e mensalmente se encontram para falar sobre suas leituras. Os encontros do Clube das Literatas acontecem nos finais de semana na casa de uma das moças, que é também responsável pela indicação da próxima leitura, e incluem um lanche farto e discussão do livro selecionado do mês e outros assuntos, como política, meio ambiente e fofocas. A ideia do clube é de compartilhamento de leituras, sem envolver o estudo literário das obras, uma vez que como estudantes de Letras já fazem isso na faculdade. Esse compartilhamento é estendido para o blog que criaram para o Clube das Literatas (http://literatasclube. blogspot.com.br), no qual postam comentários sobre os livros que leem, trechos de obras e, sobretudo, poemas os mais diversos (Apaixonadas, 2010; Clube, 2013a; Almeida, 2010).

Para além das iniciativas pessoais, o clube de leitura pode também ser patrocinado por uma organização ou instituição. A editora Companhia das Letras, por exemplo, incentiva a criação de grupos de leitura tal como faz com o Clube do Livro da Penitenciária Feminina de Sant'Ana, mediado pela editora Vanessa Ferrari (Ferrari, 2012). A Livraria Cultura também promove clubes de leitura em suas várias lojas e, em Fortaleza, abre espaço para um clube do livro diferenciado. Em lugar da leitura e discussão de um único livro, são dois livros lidos por dois convidados e apresentados durante uma entrevista em que todos os presentes podem participar (Livraria, 2013). De certa forma, trata-se de uma organização próxima do famoso clube do livro apresentado por Oprah Winfrey em seu programa de televisão nos Estados Unidos. O Clube do Livro de Oprah reunia o autor e alguns convidados que discutiam um livro selecionado previamente pela apresentadora, com possibilidade de participação da audiência. O Clube do Livro de Oprah teve um enorme impacto na vendagem dos livros e levou à criação de clubes do livro em todo o país, dando à apresentadora o papel de patrocinadora da leitura literária e influenciando o modo de ler literatura nesses clubes (Hall, 2003; Rooney, 2005).

Independentemente do formato e do patrocínio que receba, o compartilhamento de perspectivas e a interação social, comum a todos os clubes do livro, não se restringem ao estreitamento de amizades e à simples leitura de um livro em comum para discussão. Essa ação social pode também ter um caráter religioso ou de comunidade espiritual, como é o caso dos Clubes do Livro Espírita que reúnem pessoas interessadas em ler, discutir e estudar a literatura e a doutrina espírita. Eles são tantos no Brasil que possuem até mesmo uma associação que coordena a aquisição de obras (Clube, 2013b).

Há também os clubes de leitura que assumem um caráter terapêutico, como são exemplos o Programa do Livro do Bem (Book Well Program), implementado nas bibliotecas públicas do estado de Victoria, Austrália, e aquele que o inspirou, o Viver a Leitura (Get Into Reading), promovido no Reino Unido. Embora abertos a qualquer pessoa interessada, esses clubes de leitura objetivam melhorar as condições de saúde e promover o bem-estar de seus participantes, logo costumam atrair pessoas com vulnerabilidade, seja social, como os sem-teto, ou com problemas de saúde, a exemplo de doenças mentais. A metodologia é bem simples e consiste na leitura em voz alta de obras literárias clássicas e que denominam de literatura séria – obras de prestígio literário ou canonizadas – por um coordenador do grupo especialmente treinado para tal. Após a leitura, o texto é discutido por todos em termos de vivência pessoal (McLaine, 2010; The reader, 2013).

Outro elemento que se faz presente nos clubes de leitura é o seu caráter de ação política, ainda que nem sempre explicitamente. Elizabeth Long (1993) registra que, nos Estados Unidos do final do século XIX, os clubes de leitura femininos foram a plataforma de onde as mulheres passaram a demandar reformas sociais, exigindo a instalação de escolas públicas, legislação de proteção às mulheres e às crianças, entre outros temas, além de fundarem bibliotecas. Mais próximo dos nossos dias, é em um clube de leitura que um grupo de mulheres iranianas resiste à opressão social lendo e discutindo a literatura proibida pelo governo, como relata Azar Nafisi em seu livro *Lendo Lolita em Teerã* (2004).

Um clube do livro pode também ser organizado para resolver questões específicas ou com objetivos bem definidos e crescer a partir de um núcleo inicial. É o caso do círculo de leitura organizado por e para professores do 8º ano visando inicialmente atualizar suas leituras de literatura juvenil com o perfil de suas turmas, assim como compartilhar e desenvolver propostas de atividades com esses livros. Dado o sucesso da iniciativa, o círculo de leitura se expandiu para obras de não ficção e recebeu colaboração de outros professores do mesmo ano em uma relação interdisciplinar. Ao final de três anos de experiência, tal como relatam McGlinn, Calvert e Johnson (2003), o círculo de leitura se tornou uma atividade permanente de formação e cooperação entre seus membros.

Do mesmo modo que o espírito comunitário pode assumir diversas feições, conforme as características dos membros e os interesses que os levam a se constituir como um grupo de leitores, o compartilhamento e a interação social dos clubes de leitura podem ir muito além do espaço físico comum. A internet é um espaço fértil para a criação de clubes de leitura. Nesse caso, os leitores podem se reunir e encontrar-se apenas virtualmente, tal como aconteceu com o blog Clube do Livro. A ideia surgiu em 2008 com Elysandra Figueredo (ou simplesmente Lys), astrônoma, na época morando fora do Brasil. Leitora voraz, Lys propôs o clube de leitura virtual como um espaço exclusivo de discussão dos livros de literatura. Logo conseguiu a adesão de outros sete participantes, fechando o círculo de membros do clube que, não obstante, encontrava-se aberto a comentários (chamados palpites) de qualquer pessoa que quisesse ler o livro selecionado e também comentar as observações feitas por um dos membros. A proposta era a cada cinco semanas selecionar um livro a partir de uma lista de três títulos indicados por um dos membros e votado como o livro do mês. Os comentários postados no blog falam, em geral, das descobertas e dificuldades das leituras, mas também procuram relacionar o livro com o momento presente de cada um dos membros e da vida contemporânea, funcionando como uma espécie de crônica coletiva da leitura do livro do mês. Ao contrário dos clubes de leitura presenciais, não parece ser fácil manter viva a participação virtual. O clube tem registrada a leitura de oito obras e o último post do blog é de abril de 2009 (Clube, 2013c).

Os clubes do livro on-line podem igualmente ser um instrumento didático de grande alcance entre os jovens. Como uma atividade escolar, eles ampliam o tempo destinado às discussões sobre a obra, permitem que os alunos mais tímidos participem com mais facilidade, oferecem um tempo maior para os alunos lerem a contribuição dos colegas e se pronunciarem com maior organização do pensamento, entre outros benefícios, como registra a experiência de Dena G. Beeghly (2005) com seus alunos universitários. Mas há também perdas, a exemplo da espontaneidade da interação imediata.

Dentro e fora da escola, os clubes do livro on-line são usados por bibliotecas e outras instituições e organizações para promover a leitura de obras literárias entre crianças e jovens. Usando a plataforma moodle, esses clubes do livro oferecem não apenas a postagem de comentários nos fóruns como em um blog, mas também os chats e espaço para o perfil dos participantes, assim como enquetes sobre a obra que podem ser feitas em paralelo às discussões e postagem de imagens e outros textos que auxiliem e complementem as leituras. A participação não precisa ser só escrita, pois há os recursos dos emoticons e o uso de fontes com tipos, cores e tamanhos variados. Tudo isso, aliado ao natural interesse dos jovens e crianças pelo mundo virtual, faz com que se olhe com mais atenção para os clubes do livro on-line como uma forma de aliar novas práticas de letramento com a tradição da leitura de livros (Scharber, 2009).

Também na internet não é difícil encontrar orientações para se montar um clube de leitura. Bibliotecas e editoras oferecem os mais diversos recursos para os leitores que querem compartilhar os livros que leem. A Oxford University

Press, por exemplo, disponibiliza toda uma seção de seu sítio na internet para os clubes de leitura com a denominação de Círculos de Leitura de Devoradores de Livro. Aqui, o leitor encontra tanto listas de livros e coleções que podem ser lidos e indicados quanto orientações de como montar o seu próprio grupo, seguindo mais ou menos o mecanismo das estratégias de leitura e as fichas de função dos círculos de literatura vistos anteriormente. Não faltam ainda links para outros sítios, onde se encontram diretórios de clubes do livro, e até mesmo uma espécie de concurso, cuja participação tem como prêmio a doação de livros para o grupo de leitura. Do mesmo modo, o sítio do Programa Nacional do Livro e da Leitura (PNLL, 2013) oferece o passo a passo da montagem de um clube do livro, incluindo modelo de estatuto e o endereço de um sítio de sebo para a aquisição das obras, revelando preocupações formais e comerciais que podem fazer parte do funcionamento de um clube de leitura.

Embora os guias dos clubes do livro possam ser criticados por desposar um perfil de leitor e um tipo de leitura predominantemente acadêmica do texto literário, com ênfase sobre o cânone (McGinley, Conley e White, 2000), eles são úteis para quem quer montar um grupo de leitura e não sabe bem por onde começar. Nesse sentido, um bom guia é oferecido por Blanca Calvo (2013), diretora da Biblioteca Pública de Guadalajara, na Espanha, o qual apresentamos aqui com adaptações.

A "receita" de Calvo para um clube de leitura começa com a definição do clube de leitura como o encontro semanal de um grupo de pessoas para discutir o livro que leram ou parte desse livro. Nessas discussões se fala sobre a compreensão da obra, dificuldades de leitura e conexões pessoais com o tema do livro e seus personagens. Também se trata da organização do grupo, ordem e quantidade da leitura. As duas coisas que fazem o clube funcionar é justamente o compartilhamento da leitura com outras pessoas ao lado de uma leitura muito pessoal que antecede esse compartilhamento normalmente enriquecedor da leitura primeira. Os tipos de clube de leitura dependem de variáveis. Pode ser um clube de literatura, mas também de outros discursos, áreas de saber ou mesmo gêneros como biografias. Pode ser um clube para aprimorar o conhecimento e a prática de uma língua estrangeira. Pode ser um clube só para mulheres ou de pessoas que estejam em determinada situação, como penitenciários, e assim por diante. Qualquer que seja o tipo de clube, ele consta de três ingredientes básicos:

a) leitores – o grupo pode ser formado entre 10 e 25 pessoas se adultas; no caso de crianças ou jovens este número deve ficar entre cinco e quinze pessoas.

b) vários exemplares de livros – cada participante deve ter um exemplar da obra a ser discutida, seja comprado ou emprestado. Na compra, convém fazer a aquisição em grupo para evitar erros ou seleções muitos pessoais. As obras premiadas e clássicas costumam ser mais seguras do que as últimas novidades e obras muito extensas, com mais de 700 páginas, podem causar desânimo. No caso de obras que foram adaptadas para o cinema, vale a pena trabalhar com as duas versões. Por fim, é sempre bom ter um número maior de obras do que de participantes, pois é possível que um retardatário se agregue ao clube.

c) um coordenador – uma pessoa que deve moderar as reuniões, estimulando a participação, e organizar as atividades do grupo. Deve ser uma pessoa que tenha muitas leituras e capacidade de liderança e comunicação. Também deve dispor de tempo para a organização das atividades e capacidade de dinamizar as reuniões, entre outras características. Pode haver grupos que façam rodízio entre seus membros no papel do coordenador.

Para montar um clube de leitura, o primeiro passo é a propaganda para divulgar o clube e as regras de seu funcionamento, com os primeiros títulos a serem lidos. O segundo é registrar os dados pessoais dos participantes para montar o clube e não desanimar se num primeiro momento houver poucos interessados. Os passos seguintes são as reuniões, que devem funcionar em bases semanais, com uma hora e meia para a sessão, os participantes sentados em círculo. As discussões devem sempre girar em torno do livro e do aprofundamento das leituras individuais. O coordenador do grupo deve ler o livro minuciosamente e fazer perguntas abertas, a exemplo se uma personagem remete a alguém ou outra personagem de outro livro, a verossimilhança do relato, a identificação de mecanismos retóricos e assim por diante. Durante o encontro semanal, alguém pode não ter lido a parte do livro designada para aquela reunião e acompanhar a discussão ouvindo os outros falarem sobre o que leram. A reunião pode começar com a fala de um dos participantes dando sua opinião sobre o capítulo ou capítulos lidos e os outros podem segui-lo. Alguém pode querer ler uma passagem interessante ou fazer questionamentos a partir de um ponto muito específico do texto. A discussão também pode ser complementada com notícias de jornal, trechos de filme ou até mesmo uma pequena teatralização de um trecho do livro. É importante destacar que, se uma pessoa é tocada pelo livro em termos muito pessoais, o seu depoimento deve ter a segurança da confidencialidade de todos os membros. No final da leitura de cada livro, faz-se um fechamento da interpretação e dos resultados obtidos pelo grupo até ali.

Esse é o funcionamento básico de um clube do livro, mas há muitas variações. Um clube do livro pode levar seus participantes a uma feira de literatura ou a fazer uma excursão para a cidade em que a obra é localizada ou na qual o autor favorito viveu. Pode igualmente trazer um escritor ou um estudioso daquele tema ou obra para uma das suas discussões ou para o encerramento da leitura do livro. Pode intercalar as leituras do livro com leituras da tela, unindo obras impressas com obras fílmicas. Em suma, toda uma gama de atividades culturais, a exemplo de visitas a museus e exposições, ao lado de atividades de confraternização, como celebração de aniversários, pode derivar de um clube do livro que é, afinal, a construção de uma comunidade de leitores.

Seja na forma de círculos de literatura, seja na forma de clube do livro ou clube da leitura, os círculos de leitura são exemplos de como comunidades de leitores podem ser organizadas e ter seus protocolos de leitura explicitados para os grupos. É por isso que se pode dizer que os círculos de leitura são espaços sociais nos quais as relações entre textos e leitores, entre leitura e literatura, entre o privado e o coletivo são expostas e os sentidos dados ao mundo são discutidos e reconstruídos. Participar de um círculo de leitura é compartilhar com um grupo de pessoas as interpretações dos textos com as quais construímos nossas identidades e da sociedade em que vivemos.

FÁBULA 6
A VOZ DA PLANTA

> [...] e diz que lá corre a lenda de uma planta que fala.
> Chama-se tajá. E dizem que sendo mistificada de um modo
> ritualístico pelos indígenas ela eventualmente diz uma
> palavra (*Água viva*, de Clarice Lispector).

É quase noite. O sol desaparece preguiçoso de um lado e de outro uma lua tímida tenta se esconder entre as nuvens. Os meninos-que-iriam-ser-homens da tribo esperam impacientes que o pajé os chame para entrar na oca. Quando curumins, eles procuravam passar bem longe da estreita abertura que guardava segredos e mistérios só imaginados. As mulheres que nunca haviam entrado lá avisavam que criança curiosa que ali entrasse só saía adulta ou nem saía mais. Os homens, quando precisavam, ficavam esperando ao lado da entrada e o pajé saía para atendê-los. Mesmo quando se queria levar uma oferenda para o pajé encaminhar aos avós, o procedimento era deixar a cuia ou cesto bem no meio da porta e cuidar para que bicho algum tocasse no alimento antes do pajé sair e recolhê-lo. Mas agora já não há temor. São quase guerreiros e tudo o que querem é completar o ritual de passagem para a vida adulta iniciado cinco luas antes.

Na primeira lua, eles foram conduzidos da oca dos homens, onde já residiam separados do resto da tribo por cerca de três anos, ao centro da aldeia por seus padrinhos. Ali foram pintados com as cores da idade e cada um recebeu um cesto para colherem alimentos durante todo o dia seguinte. Na segunda lua, eles pularam fogueiras e ganharam arco e flecha para caçar bichos da terra. Na terceira lua, foram banhados com folhas e partiram com cipós timbó para caçar bichos da água. Na quarta lua, vestiram um colar de uma pena e receberam zarabatanas e flechas especiais para caçar animais do ar. Agora, na quinta lua, eles devem tomar possangas para fechar o corpo e viajar nos sonhos vigiados pelo pajé.

Antes de o sol desaparecer por completo, uma fumaça densa começa a sair do centro da oca e os meninos-que-vão-ser-homens ouvem, não sem um arrepio perpassar a espinha, sons estranhos vindos da terra, gritos de animais que eles, nem ninguém, conseguem identificar. Quando o céu se torna bem escuro e a lua brilha já senhora da noite, o pajé finalmente surge na porta e os convida para entrar, oferecendo a cada um deles uma cuia com uma espécie de caxiri que ele retira da grande panela de barro que está no centro da oca.

Após todos beberem e sentarem em círculo em torno da panela, o pajé começa a entoar um canto guerreiro e os meninos-que-vão-ser-homens o acompanham dispersando os receios. Ele, então, começa a contar uma história de avós e passa a palavra para um dos meninos para que ele continue e vai assim de menino em menino até terminar a história e começar outra completando o círculo uma, duas, três, alternando histórias e cantos. No final da última rodada, que trata de como a tribo havia chegado ali, o pajé serve uma tigela de possanga e pede que os meninos-que-vão-ser-homens se calem para ouvir uma prece que chamará um bom futuro para eles.

À medida que entoa sua prece, o pajé vai retirando de dentro da panela folhas e mais folhas de tajá. São folhas verdes bem escuras como pele de sapo, folhas vermelho-rosadas da cor da pena da arara, folhas de um tom esmaecido quase transparentes, folhas matizadas como um fim de tarde, folhas salpicadas de branco como chuva no igarapé, folhas de todos os tamanhos e formatos, até que folhas e panela se fundem em um imenso pé de tajá. Mirando o tajá e ouvindo o pajé, os meninos-que-vão-ser-homens se sentem cansados, muito cansados. Os olhos começam a se fechar. No fundo dos ouvidos ecoa a voz já distante do pajé ordenando que ouçam a voz da planta.

O primeiro a acordar olha ao seu redor e vê apenas os companheiros que também retornam da letargia que parece ter consumido toda a noite. Um deles se espreguiça e começa a contar o que ouviu da planta. Outro toma a palavra em seguida e assim todos eles vão revelando na forma de uma história o que foi vivido no sonho do tajá e descobrindo que cada um carrega em si a memória da aldeia agora misturada com o que são e o que desejam ser.

No fundo da oca, o pajé escuta o rumorejar das vozes sonolentas e sorri sem os lábios evitando ouvir o que eles dizem. Sua missão fora cumprida. Do lado de fora, os meninos haviam aprendido a colher os frutos da mata e caçar bichos da terra, da água e do ar para serem homens. Do lado de dentro, aprenderam a sonhar em conjunto, compartilhando pela palavra o mistério da palavra revelada pela planta. Agora eram mais que homens, eram herdeiros das histórias dos avós e companheiros de sonhos, eram membros adultos da tribo.

Para montar
o seu círculo de leitura

> O exercício jamais fechado da leitura continua o lugar por excelência do aprendizado de si e do outro, descoberta não de uma personalidade fixa, mas de uma identidade obstinadamente em devenir (Compagnon, 2009: 56-7).

Depois de ter lido o capítulo anterior, o leitor já tem uma noção de como promover o seu círculo de leitura, independentemente da denominação que lhe seja dada ou do local e do público que irá participar. Neste capítulo final, vamos sintetizar e organizar uma proposta de círculo de leitura, imaginando um cenário em que seja construído enquanto comunidades de leituras e prática de letramento literário. Como acreditamos e defendemos que os círculos de leitura devem funcionar com os mesmos pressupostos dentro e fora da escola, ainda que com objetivos diferenciados, vamos apresentar as características e os passos de organização de um círculo de leitura sem distinguir ambientes. Sempre que necessário, porém, comentaremos o que é peculiar a cada ambiente e as possibilidades de desenvolvimento que ali se apresentam. Nosso objetivo é que o leitor perceba que a metodologia do círculo é a mesma para todas as ocasiões. O que se altera de um círculo para o outro são os interesses e demais características da comunidade de leitores que ali se presentifica.

NA ESCOLA E FORA DA ESCOLA

Um círculo de leitura é basicamente um grupo de pessoas que se reúnem em uma série de encontros para discutir a leitura de uma obra. Esses encontros podem ser realizados na sala de aula como parte das atividades da disciplina Língua Portuguesa ou Literatura. Também podem ser realizados na biblioteca da escola ou na biblioteca pública do bairro ou da cidade. Nesses espaços, os círculos de leitura costumam ter um caráter mais formativo e contar com o apoio institucional. Círculos de leitura deveriam fazer parte de todos os programas de leitura, seja das bibliotecas públicas, seja das escolas.

Outros espaços abrigam grupos menos institucionalizados ou formados livremente. Aqui as reuniões podem acontecer em espaços comunitários, como salões de igrejas, ou espaços públicos, como restaurantes, cafés e livrarias. Há círculos que se formam a partir de um grupo de amigos e os encontros acontecem nas residências dos participantes alternadamente.

Os círculos também podem funcionar combinados ou apenas no universo virtual. Um blog ou outra forma de escrita colaborativa na internet, tal como algumas bibliotecas oferecem, é a forma mais comum de constituição de um círculo de leitura on-line. Há escolas que usam o sistema moodle como ferramenta de discussão do grupo de leitores e há círculos que se encontram em sala de bate-papo.

Em um círculo de leitura, o local de interação é importante para definir várias características, objetivos e modos de funcionamento, mas o que importa mesmo é que haja interação. Um círculo de leitura é essencialmente o compartilhamento organizado de uma obra dentro de uma comunidade de leitores que se constituiu para tal fim.

TIPOS DE CÍRCULOS DE LEITURA

Considerando o modo de funcionamento, podemos distinguir três diferentes tipos de círculos de leitura:

Círculo estruturado

Trata-se do círculo de leitura que obedece a uma estrutura previamente estabelecida com papéis definidos para cada integrante e um roteiro para guiar as discussões, além de atividades de registro antes e depois da discussão. O modelo é basicamente escolar, mas pode ser usado em qualquer ambiente. Na sua versão escolar, o círculo de leitura estruturado começa com um registro escrito das impressões sobre o texto em um diário de leitura as quais depois são organizadas conforme o papel ou função assumida pelo leitor, tal como costuma acontecer nos círculos de literatura. No dia da discussão, os alunos usam esses dados para alimentar a discussão, usualmente seguindo de perto as estratégias básicas de leitura (conhecimento prévio, conexão, inferência, visualização, perguntas ao texto, sumarização e síntese). Após a discussão, os participantes registram as conclusões que alcançaram no grupo. Esse modelo tem várias versões, mas todas elas seguem um roteiro com atividades bem definidas para o acompanhamento da leitura, a discussão e o registro de conclusões.

Círculo semiestruturado

Esse tipo de círculo não possui propriamente um roteiro, mas sim orientações que servem para guiar as atividades do grupo de leitores. Essas orientações ficam sob a responsabilidade de um coordenador ou condutor que dá início à discussão, controla os turnos de fala, esclarece dúvidas e anima o debate, evitando que as contribuições se desviem da obra ou do tema a ser discutido. Também é responsabilidade do condutor que seja feito um aprofundamento ou alargamento da leitura, podendo demandar que o grupo se detenha em um ponto ou reveja algum aspecto anteriormente discutido.

Círculo aberto ou não estruturado

Muito próximo da ideia que se tem de um clube de leitura, o círculo aberto funciona em bases muito simples. Uma vez acordados as obras e o cronograma das reuniões, os participantes se revezam na condução das reuniões e iniciam as discussões falando de suas impressões de leitura ou estabelecendo alguma conexão pessoal. A discussão se desenvolve como uma conversa entre amigos ou familiares, com a diferença que tem como fonte a leitura da obra. Não há regras a serem seguidas a não ser que o encontro seja para falar do texto lido e não de outras coisas, ainda que nem sempre esse princípio consiga ser mantido.

É importante destacar que esses tipos não são exclusivos, podendo ser combinados de diversas maneiras. Na escola, os círculos devem começar estruturados, para depois passarem a semiestruturados e, por fim, chegarem aos círculos abertos. Esse percurso temporal compreende um processo formativo que é a aprendizagem da leitura compartilhada. Os alunos que estão iniciando a formação de leitor ou nunca participaram desse tipo de atividade precisam ser mais fortemente guiados na leitura e discussões do que aqueles mais maduros como leitores. Leitores adultos em espaços não institucionais podem preferir círculos abertos que lhes deem mais liberdade para o compartilhamento de experiências. Círculos formados com fins específicos podem preferir o tipo estruturado que permite um controle maior da leitura. Outros podem desejar alternar entre reuniões em que as discussões seguem o tipo semiestruturado e reuniões do tipo aberto.

Além disso, cada tipo de círculo apresenta vantagens e desvantagens do ponto de vista do letramento literário. Se o círculo estruturado é eficiente no controle da leitura, ele também pode constranger essa leitura com suas regras. Se o círculo aberto favorece a livre expressão por um lado, por outro, pode se perder em discussões estéreis. Se o círculo semiestruturado tem um animador para conduzir e centralizar as discussões, também pode terminar como uma prelação disfarçada. Em síntese, os tipos são apenas formas que podem orientar o funcionamento dos círculos de leitura e não fórmulas das quais não podemos nos afastar sob o risco de a experiência desandar.

A PREPARAÇÃO

Um círculo de leitura é um encontro em torno de pessoas e textos. Para que um círculo seja bem-sucedido, é preciso que ambos estejam preparados e as reuniões onde se encontram devidamente organizadas. Por isso, são fundamentais: a seleção das obras, a disposição dos participantes e a sistematização das reuniões.

A seleção das obras

A seleção das obras obedece a dois princípios básicos. O primeiro é que não há um texto ideal para os círculos de leitura, mas sim textos adequados àquela comunidade de leitores. Essa adequação depende das características dos participantes, do ambiente em que se desenvolve o círculo e os objetivos e interesses de sua composição, mas de um modo geral vale a máxima de que texto adequado é aquele que é bom para ler e para discutir. Bom para ler é o texto que "prende" o leitor ou suscita seu interesse em fazer uma leitura completa. Afinal, com tantos textos interessantes no mundo para serem lidos e cada vez mais fáceis de serem obtidos – pelo menos por meio digital –, não faz sentido insistir em uma leitura que não apresenta elementos de atração para o leitor. Bom para discutir é o texto que desperta, inquieta e demanda uma posição do leitor, um texto cuja leitura parece nos exigir o compartilhamento com alguém.

A combinação dessas duas qualidades envolve conhecimento e pesquisa. No caso de um círculo constituído por leitores maduros, em ambiente não institucional e interessado no simples compartilhamento das leituras, textos bons de ler e bons de discutir podem ser buscados em sites de resenhas, em listas de premiações, nas recomendações de amigos e até na memória individual de leitura, afinal, reler uma obra para compartilhar com o grupo tem um sentido todo novo que a leitura solitária anterior não poderia oferecer. No caso de um círculo de leitura constituído por leitores iniciantes, em um ambiente escolar, com os objetivos de desenvolver a competência literária e ampliar a formação do leitor, os textos adequados são naturalmente aqueles que favorecem esses objetivos, sem que deixe de valer a máxima de que texto bom é aquele que é bom para ler e discutir, ou seja, cabe ao professor apresentar aos seus alunos textos que lhe despertem o interesse e os levem à discussão.

O segundo princípio é que os textos devem ser escolhidos pelos participantes. Na escola, essa escolha é, naturalmente, delimitada por seus objetivos formativos. A forma mais usual de conduzir essa escolha delimitada consiste em oferecer aos alunos uma lista de obras previamente selecionadas para serem escolhidas pela turma. Os textos devem ser levados para a sala de aula e apresentados um a um pelo professor, explicitando as razões da pré-seleção, o que pode ser feito com a ajuda da bibliotecária ou responsável pela biblioteca da escola. Os alunos devem poder manusear esses textos e escolher segundo uma ordem de preferência. É importante que a lista seja ampla o suficiente para atender os vários interesses dos alunos.

A opção pode ser feita simplesmente inscrevendo o nome do aluno ao lado do título ou ser um pouco mais elaborada, com o aluno escrevendo em uma ficha o título do livro e a justificativa da sua escolha e ordem de preferência. Obviamente essa justificativa se faz em termos de expectativa, pois o aluno está vendo o texto pela primeira vez. Não vale a pena usar mais que o tempo de uma aula para essa seleção e os livros não precisam ser lidos por toda a turma, aqueles que forem mais votados é que ficam para o semestre ou ano. O professor deve aproveitar a ordem de preferência dada pelos alunos para montar os grupos dentro da turma. No caso de alunos mais experientes em termos de leitura, o professor pode compartilhar a elaboração da lista prévia com a turma, passando a justificativa para o momento da indicação da obra.

Aqui cabe lembrar que, ao montar sua lista, o professor deve levar em consideração que os alunos nem sempre estão no mesmo nível de leitura, mas as diferenças podem ser compensadas pela dinâmica interna dos grupos. Além disso, um pressuposto relevante da indicação de leituras na escola não pode ser esquecido: as obras devem contemplar diferentes níveis de dificuldades de leitura dentro do horizonte de competência da turma e, preferencialmente, ter ligações entre si, seja de ordem temática, estilística ou qualquer outro meio que leve o aluno a perceber que a literatura funciona como um sistema com as referências de uma obra encontradas em outras e que compreender essas relações ajuda a aprofundar a interpretação dos textos.

Fora da escola e de ambientes institucionais similares, os participantes devem, antes de iniciar as reuniões para a discussão da leitura, reservar todo um encontro para a seleção das obras, fazendo a escolha para o semestre ou ano de uma única vez. Isso permite que se faça um calendário de leituras, encontros e locais, a organização do círculo de leitura. O ideal é que cada membro apresente determinado número de obras e justifique a indicação para o grupo, seguindo critérios pessoais ou previamente determinados. Por consenso, o grupo escolhe as obras e a ordem em que elas vão ser lidas. O importante é que todos participem da seleção. Também é importante se preocupar com a forma como a obra vai ser adquirida pelo grupo, pois um texto muito apreciado pode estar fora de mercado ou ser de difícil aquisição. Daí que o número de obras da lista deve ser um pouco maior do que o de dias do cronograma das reuniões para o caso de textos inacessíveis ou mesmo de obras que não cumpriram o seu objetivo ou foram lidas em menor espaço de tempo.

O leitor mais atento deve ter percebido que neste tópico da seleção tivemos o cuidado de sempre nos referir a obras ou textos em lugar de livros. Embora o domínio da escrita seja fundamental em uma sociedade essencialmente grafocêntrica como a nossa e a formação do leitor passe necessariamente por esse domínio, convém não reduzir a leitura ao código escrito nem ao livro. A escrita é uma tecnologia poderosa, porém tecnologia. A leitura, ao contrário, é uma competência humana e se estende por vários campos para além da escrita.

No caso da literatura, conforme argumentamos no primeiro capítulo, ela não se restringe aos textos impressos, mas sim à palavra com a qual se desvela mundos e se diz o que não se conseguia dizer antes. É por ser palavra que a literatura se faz presente em diversos meios, e seus produtos podem perfeitamente ser objetos dos círculos de leitura, sejam sozinhos ou combinados com livros. Pode haver, assim, um círculo de leitura que leia apenas filmes e outro que alterna entre filmes e livros. Também pode haver círculos que leem apenas obras de ficção e outros que combinam vários tipos de obras, incluindo não ficção. Do mesmo modo, nada impede que um círculo de leitura se ocupe de fotografias ou os diversos quadros de um pintor ou de um movimento artístico, assim como combinar essa leitura com a leitura de livros que tratem desses temas. Canções, histórias em quadrinhos, contos orais e todos os meios em que a palavra se faz arte são literatura e podem ser objetos de leitura de um círculo de leitura.

Nem mesmo a prática usual da leitura do mesmo texto ao mesmo tempo por todos os membros do círculo de leitura precisa ser obedecida. Um círculo pode funcionar com a leitura de diferentes obras que sejam ligadas por um mesmo tema, um mesmo tipo de personagem, um mesmo artifício narrativo, escritas em uma mesma época, de um mesmo gênero ou obras que sejam do mesmo autor ou outro elemento que seja do interesse do grupo. Naturalmente, nesses casos não se discute a obra em si mesma, mas sim o elemento das quais elas são realizações ou exemplos. São leituras que focam preferencialmente sobre os modos de ler do contexto e do intertexto. A leitura de diferentes adaptações de uma obra clássica ou a tradução de uma obra em diferentes línguas também é um recurso interessante para círculos de leitura que não estão interessados em alguns dos aspectos da vida do texto além do texto em si mesmo.

Como se percebe, as possibilidades são muitas e o limite de seleção de obras para um círculo de leitura depende apenas da disposição de seus participantes em escolher como objeto de leitura os textos que lhes são mais adequados enquanto uma comunidade de leitores.

A disposição dos leitores

O interesse de um leitor em participar de um círculo de leitura pode ser resultado de muitos fatores, que vão desde a solidão nas grandes cidades até as obrigações escolares. Ainda que relevante, seja qual for esse interesse, o leitor precisa ser devidamente preparado para participar das discussões.

Em um primeiro momento, essa preparação consiste em apresentar ou dar a conhecer sua história de leitor. Na escola, o professor pode traçar um perfil do leitor através de questionários ou verificando as atividades de leitura com o professor anterior da turma, consultando os registros da biblioteca. Os leitores maduros podem dedicar a primeira reunião do círculo para que os participantes se apresentem como leitores. Uma boa dica é que se sentem em círculo e façam um depoimento sobre as leituras que marcaram determinados períodos da vida, autores e gêneros favoritos e assim por diante. Nada impede que, paralelamente a essa atividade, uma ficha com perfil de leitor seja preenchida antecipadamente ainda no momento de manifestação de interesse de integrar o grupo. Os dados da história de leitor são importantes para ajudar a posterior seleção das obras, seja para o professor que a partir deles constrói a sua lista prévia, seja para os leitores maduros que podem pensar em determinadas obras com base nos gostos comuns. Também são relevantes para ajudar a determinar a competência leitora e a competência literária, sobretudo no caso de estudantes. Pelo número de obras e a forma como foram lidas, o professor pode traçar um quadro da competência geral da turma, assim como dos alunos individualmente.

Depois, por mais interessado que o grupo esteja, professores, coordenadores e participantes precisam entender que devemos nos preparar para ler determinadas obras, seja porque são textos relevantes para aquela comunidade, seja porque são obras importantes para o desenvolvimento do leitor e de sua competência literária, seja porque são obras de outras culturas, seja porque são textos que apresentam algum grau de dificuldade de apreensão para aquele grupo. Essa preparação passa pela forma como a obra é apresentada aos leitores e por atividades que já nos habituamos a chamar de motivadoras. Na verdade, são atividades introdutórias da temática ou de algum aspecto da elaboração da obra que se destaca para que o leitor tenha uma porta de entrada para o texto. Elas podem ser bem simples tal como apresentar o contexto de produção da obra, dados sobre autor ou dados da recepção da obra, sobretudo no caso dos clássicos. Também podem ser um pouco mais elaboradas, a exemplo da pesquisa de opinião, normalmente envolvendo a temática ou algum evento descrito no texto quando se tratar de uma narrativa. O professor ou coordenador elabora uma série de perguntas ou frases para que os alunos ou participantes se manifestem favorável ou desfavoravelmente, podendo em casos mais sofisticados usar pontuações ou uma escala Likert e até estender a pesquisa para outras turmas ou para a família, no caso da escola. A vantagem dessa atividade é que ela não apenas introduz a obra ou obras, como também prepara o leitor para a discussão futura.

Outro mecanismo consiste em retirar do texto frases ou pequenos trechos para que os alunos leiam uns para os outros e depois tentem identificar de que trata aquela obra ou o que ela contém em relação a outras leituras ou o ambiente da sala de aula. No caso de leitores maduros, essa tarefa de introduzir a obra com fins motivadores pode ser distribuída entre os membros ou compartilhada com divisão de tarefas no levantamento de dados sobre a obra, incluindo, quando possível e desejado, dados da crítica especializada ou, mais simplesmente, outro texto que possa causar impacto no grupo, a exemplo do discurso do ganhador do prêmio Nobel quando se vai ler a obra daquele autor.

Finalmente, uma questão mais propriamente escolar, mas que pode ser igualmente relevante para leitores de outros ambientes. Nenhum círculo de leitura deveria iniciar sem antes ter sido modelado pelo professor em seus vários aspectos – pelo menos dois meses de modelagem se os alunos vão realizar pela primeira vez a atividade e duas semanas de motivação se já participaram antes de um círculo de leitura. A rigor, a modelagem não é exclusiva da preparação, mas sim acompanha o círculo de leitura antes, durante e depois de cada discussão. Aqui, no entanto, ela é essencial porque, se um círculo de leitura inicia antes de seus participantes terem clareza de como ele funciona, sobretudo crianças, as chances de sucesso da atividade serão muito pequenas. Em outras palavras, cabe ao professor ensinar a seus alunos não apenas o que é um círculo de leitura, mas também mostrar como ele funciona e os procedimentos que os participantes devem obedecer em todas as suas fases. A esse processo de ensinar mostrando como deve ser feito chamamos de modelagem.

Para exemplificar o processo de modelagem, vamos tomar como horizonte o ambiente escolar e uma turma de crianças, lembrando, porém, que todos os leitores precisam, com maior ou menor intensidade, ter algum tipo de modelagem antes de iniciar o círculo de leitura propriamente dito. No caso de crianças, o professor pode começar ensinando como se faz o registro da leitura. Ele pode levar registros de leitura de outros alunos ou fazer registros próprios especialmente para aquela turma. Para crianças bem pequenas, vale a pena uma performance, como o professor lendo e fazendo anotações durante sua leitura na frente dos alunos. Esses registros devem ser treinados depois com a turma coletivamente, repetindo duas ou três vezes até os alunos conseguirem capturar o mecanismo. Para as discussões, o professor pode compor um grupo de adultos com o bibliotecário, pais e voluntários para mostrar aos alunos ou convidar os alunos mais experientes de outra turma para que eles realizem uma performance para as crianças. Pode, também, lançar mão de vídeos e artifícios semelhantes para que sejam analisados pelos alunos. É possível, ainda, fazer uma modelagem com toda a turma transformada em um grande grupo ou com revezamento dos alunos em círculo de leitura que funciona como uma espécie de estágio.

Alternativamente, o professor pode começar com os alunos discutindo o livro livremente em grupos pequenos, depois passam para o grande grupo e concluem com observações do professor. No caso de crianças pequenas, talvez seja necessário modelar as habilidades sociais de manter a conversa, discordar, ouvir um ao outro, responder quando perguntado, falar olhando para o outro, dar a vez à fala do outro, não dominar a discussão etc. Alunos em processo de formação precisam ser modelados sobre como elaborar e responder a questões abertas, como aprofundar a leitura para além do resumo da história, como se manter dentro do assunto e outros aspectos. Alunos mais experientes podem necessitar de modelagem sobre como analisar os elementos de uma narrativa, metáforas e outros artifícios da linguagem literária que sejam relevantes para as obras que serão lidas no círculo de leitura.

Para começar as atividades do círculo de leitura, não é preciso que a turma tenha assimilado totalmente todas as fases da atividade, mas é importante que o professor esteja certo de que seus alunos conseguirão realizá-las produtivamente. Tal cuidado é necessário para que a proposta não se perca diante das dificuldades naturais de qualquer estratégia pedagógica e seja posteriormente rejeitada pelos alunos.

A sistematização das atividades

Também como parte da preparação, um círculo de leitura precisa ser minimamente organizado para funcionar adequadamente. Antes de começarem as leituras, os participantes precisam decidir não só a escolha das obras, mas também o meio, o calendário e os locais dos encontros, os papéis de cada um nas reuniões e as regras da convivência.

Dadas as muitas possibilidades oferecidas pela internet, os participantes devem decidir se o círculo funcionará na arena virtual, presencialmente ou com uma combinação dos dois. Professores podem aproveitar a facilidade com que os jovens transitam no mundo virtual para propor diferentes formas de combinação dos dois meios, aproveitando os leitores eletrônicos e outros recursos para integrar os grupos. Leitores mais maduros talvez prefiram a boa e tradicional conversa face a face.

O calendário das reuniões depende, naturalmente, da quantidade e extensão das obras. Se as obras forem de pequena extensão, podem ser discutidas por inteiro a cada encontro e esses serem mais espaçados. Já obras de maior extensão demandam que sejam divididas em partes e os encontros, mais próximos, a fim de que não se perca a noção de conjunto na discussão das partes. Para leitores maduros, um encontro quinzenal ou mensal é uma boa frequência, com um período de "férias" de um a dois meses. Para alunos, as aulas dedicadas ao círculo de leitura devem ser semanais ou quinzenais, dependendo das outras atividades que a escola realiza na área da leitura. O importante é que o calendário, uma vez estabelecido, seja mantido, sobretudo no caso da escola, para que os alunos percebam que se trata de uma atividade sistemática e com a qual precisam se comprometer.

Os locais de encontro podem ser os mais diversos. Em círculos não institucionais, a combinação da reunião com um jantar ou lanche leva os participantes a restaurantes, cafés e às residências. Na escola, além da sala de aula, a biblioteca pode se apresentar como um espaço que favorece o tipo de interação promovido pelos círculos de leitura. Jovens costumam ser criativos nesse quesito e podem se reunir tanto em uma barulhenta praça de alimentação de um shopping center como em um coreto de uma praça bem arborizada, o que importa mesmo é que o local das reuniões seja previamente definido junto com o calendário.

As funções que cada participante vai exercer durante as reuniões e as regras dessas reuniões também precisam ser determinadas antecipadamente. Na escola, o professor pode elaborar juntamente com os alunos cartazes que ficam fixados nas paredes descrevendo tanto as funções como as regras. Um bom artifício, sobretudo com adolescentes, é estabelecer um contrato de convivência especial para o círculo de leitura e escrever esse contrato em cartaz que fica afixado na sala de aula e é assinado por todos. Leitores adultos podem estabelecer regras como o número de ausências e atrasos tolerados, as obrigações de pesquisa, a responsabilidade pela condução e até o financiamento para a compra das obras. Embora não seja necessário, alguns grupos podem ser mais formais do que outros e desejarem fazer registros em ata das reuniões e elaborar um estatuto para o círculo – um modelo bem simples pode ser encontrado no site do PNLL, na seção que trata do Clube de Leitura. O mesmo acontece em relação ao nome: se seu círculo promete durar, convém dar um nome para que todos os participantes se identifiquem com ele.

A EXECUÇÃO

Devidamente preparado, um círculo de leitura já pode dar início a suas atividades de leitura, as quais podem ser divididas em três fases: o ato de ler, o compartilhamento e o registro.

O ato de ler

O ato de ler ou a leitura física do texto é o encontro inalienável do leitor com a obra. Quando pensamos nesse encontro, costuma vir à memória as representações clássicas do leitor, uma pessoa sentada em uma poltrona confortável, com o livro aberto entre as mãos. Essa imagem da leitura, como um processo individual e solitário, como bem destaca Long (1993), tem muitas variações e esconde muitas vezes o caráter coletivo do ato de ler. Por isso, para além de todas as formas de leitura individual e solitária, vamos destacar aqui a leitura coletiva e da voz. Como já vimos no quinto capítulo, para os alunos bem pequenos, a professora pode fazer a leitura da obra em voz alta. Alunos maiores podem ser beneficiados com a leitura silenciosa sustentada, com todos lendo silenciosamente em sala de aula ou na biblioteca. Adolescentes, jovens e adultos podem ter algumas aulas ou reuniões dedicadas unicamente à leitura em voz alta da obra ou de partes dela. Textos com imagem e som ou apenas som devem ser preferencialmente vistos e ouvidos coletivamente. Aqui o princípio básico é que todas as formas de ler valem a pena, desde que proporcionem um efetivo encontro entre o leitor e a obra.

O tempo destinado a essa etapa é variado e sua determinação vai além da extensão da obra, como se poderia inicialmente pensar. Ao ser estabelecido o cronograma de reuniões ou de aulas do círculo de leitura, o período que será dedicado ao ato de ler já fica implícito. Se lemos individualmente, todavia, lemos em velocidades diferentes, por isso o cálculo do tempo da leitura precisa levar em consideração uma média entre os leitores que compõem aquele círculo. Na escola, o calendário de atividades escolares e as tarefas daquela e demais disciplinas também devem ser pesados na distribuição desse tempo. Por outro lado, se o período de leitura for por demais estendido, o leitor pode perder a motivação para discutir a obra. Daí a importância de se manter um calendário fixo de reuniões e que seja previamente acordada a quantidade de leitura que deve ser feita para cada uma delas. O descumprimento da meta de leitura não significa que o membro do círculo deva ser impedido de participar da fase de compartilhamento, pois poderá se automotivar para recuperar o tempo perdido ao assistir à discussão. É fundamental, no entanto, compreender que todo o funcionamento do círculo depende dessa fase inicial e que a ausência do encontro do leitor com a obra ameaça a própria existência do círculo. Por isso, cabe aos colegas, ao coordenador e ao professor verificar imediatamente o que está acontecendo quando o cronograma das leituras é descumprido por um dos participantes.

O compartilhamento

A fase do compartilhamento compreende duas etapas: a preparação para a discussão ou pré-discussão e a discussão propriamente dita. A preparação para a discussão ou pré-discussão começa com a anotação de impressões diversas durante e logo após o ato de ler. É um trecho que se sublinha ou se anota à parte porque o consideramos difícil de entender ou particularmente bem elaborado. É o uso de determinada palavra ou expressão que nos surpreendeu pela beleza ou pelo inesperado. É uma questão que aquele evento descrito na obra nos levou a refletir sobre o que já vivemos ou lemos em outro lugar ou que está acontecendo agora ao nosso redor. É uma personagem, imagem ou metáfora que diz algo exatamente da maneira como queríamos dizer. É o recurso narrativo ou poético que julgamos impróprio para aquele texto. A forma mais usual de fazer essas anotações ou comentários é por meio do diário de leitura, tal como vimos no quinto capítulo, que pode ser feito sozinho, em duplas, coletivamente, com ou sem instruções específicas. Mas se pode também usar recursos tão simples quanto um *post-it* e rabiscos ao pé da página. O importante é que sejam feitas anotações durante ou logo após a leitura para que não se perca a memória do encontro entre leitor e obra, uma vez que esse encontro, tal como as águas do rio de Heráclito, quando se repete é um outro e novo encontro.

Nos círculos de leitura do tipo aberto, essas anotações iniciais são a base que dão sustentação à etapa seguinte da discussão, sem que haja nenhuma preparação específica para tal, além de trazer os comentários para o grupo. Nos círculos estruturados ou semiestruturados, esses comentários devem ser sempre formalizados, com acompanhamento do professor ou coordenador. É nesse momento que o professor define qual modo da leitura literária vai ser enfatizado, privilegiando o texto, o contexto ou o intertexto ou, ainda, uma combinação de dois modos, tal como apresentamos no quarto capítulo, cabendo aos alunos transformar os comentários e as anotações feitas no diário de leitura ou em outro lugar em um material que dará lastro à discussão.

Essa formalização pode consistir em uma forma mais elaborada de comentário, tal como a resenha, que deve ser usada preferencialmente com jovens e adultos por questões de maturidade intelectual, ou qualquer uma das várias formas de análise. É nesse momento que o professor pode utilizar alguns dos passos do seminário socrático, usar as fichas de funções tal como acontece nos círculos de literatura ou mais simplesmente demandar a elaboração de perguntas que poderão ser usadas durante a discussão. Essas perguntas devem ser abertas, ou seja, perguntas que não podem ser respondidas com sim ou não, e modeladas previamente pelo professor, tendo como horizonte o estilo literário, mecanismos narrativos e poéticos, relações com outros textos, conforme as características da obra e do modo preferencial de leitura.

Concluída a etapa da pré-discussão, passa-se para a discussão propriamente dita. Nessa etapa, o objetivo é alcançar a conversa afiada, o diálogo fundante da leitura e da leitura literária, em particular, tal como tratamos nos segundo e terceiro capítulos. Por isso, todo o material formalizado na pré-discussão não pode ser o centro da atividade, mas sim auxiliares da instauração e manutenção de uma discussão autêntica entre leitores de uma comunidade. Mesmo no ambiente escolar e dirigidas pelo professor, essas discussões são espaços de compartilhamento e não ensinamento, ou seja, um membro do círculo não vai ensinar o outro, mas sim compartilhar sua leitura que não precisa ser negada nem aceita, mas exposta a todos. Daí que nessas discussões não haja respostas certas ou erradas, mas sim perguntas autênticas que querem realmente entender e compreender o que se leu em comum. As perguntas que se fazem dentro de um círculo de leitura jamais devem ser colocadas para checar se o participante realmente leu o texto, seus conhecimentos sobre o autor, a literatura e tudo o mais que é matéria de ensino escolar. Daí a necessidade de se assegurar a todos os participantes do círculo de leitura o direito e o dever de atuar no grupo em bases democráticas, com o devido respeito pela leitura de cada um. Daí a importância que o círculo de leitura seja um espaço de compartilhamento efetivo, um ambiente de confiança, uma oportunidade para se dividir a leitura e experiências pessoais, até porque a leitura de uma obra sempre envolverá, de uma forma ou de outra, a experiência prévia do leitor, seus conhecimentos formais e informais do mundo. Não é sem razão, portanto, que muitos círculos de leitura partem de relações de amizades preexistentes, assim como se constituem em uma base para a construção de amizades que se estendem pela vida afora.

Nos círculos de leitura do tipo aberto, com leitores maduros, as discussões não costumam ter um período de tempo determinado para acontecer, normalmente elas envolvem algum tipo de confraternização "alimentar", antes ou depois, que acontecem no fim de uma tarde ou em uma noite. Na escola, porém, os tempos são controlados e sistematizados. Para esse ambiente, independentemente do modelo adotado, um período de uma hora ou uma hora e meia tem sido considerado o ideal para a discussão. Essa aula começa com os grupos reunidos e cinco a dez minutos para que os alunos revejam suas anotações, que a partir desse momento devem preferencialmente ser deixadas de lado, e acertar quem será responsável pela condução, caso não tenha sido resolvido previamente.

O debate, que pode começar com uma pergunta quebra-gelo feita diretamente a um dos participantes – por exemplo, questionar qual o aspecto mais relevante da obra – ou uma breve síntese da obra feita pelo coordenador ou membro do grupo, deve durar entre meia e uma hora, dependendo do tempo geral que se dispõe e a maturidade dos leitores. Crianças pequenas terão mais dificuldade de manter um debate dentro de um período de tempo estendido do que adolescentes. O debate deve ocupar, geralmente, da metade a dois terços do tempo da aula destinada ao círculo de leitura. Após a discussão, os alunos podem ter um tempo, não maior do que o tempo inicial, para fazer breves anotações sobre o que foi discutido.

A parte final, que não deve ultrapassar 15 minutos e, por isso, é também chamada de miniaula, é reservada para o professor orientar os grupos quanto ao bom funcionamento do debate e das leituras, incluindo as habilidades sociais, os modos de leitura e informações literárias, usando sempre que necessário de modelagem. Aqui é importante destacar que as miniaulas não são para o professor ensinar algo academicamente relevante aos alunos, mas sim para atender às necessidades reais de aprimoramento das atividades do círculo de leitura. Um exemplo é quando o professor percebe que alguns grupos tendem a não focar o debate sobre a obra. Ele, então, usa uma miniaula para mostrar aos alunos como evitar tal procedimento e explicar por que ele é indesejado naquele momento.

O registro

A fase do registro é o momento em que os participantes refletem sobre o modo como estão lendo e o funcionamento do grupo, assim como sobre a obra e a leitura compartilhada. Esse registro deve acontecer ao final da leitura total da obra e pode ser feito coletivamente, em pares ou individualmente, sem que uma possibilidade elimine a outra. Na escola, por exemplo, pode haver uma atividade coletiva oral com toda a turma ou nos grupos, seguida de um registro em duplas ou individualmente, do que foi oralizado ou o inverso, com a escrita precedendo a oralidade.

As formas desse registro podem ser desde o bem conhecido diário de leitura até um gráfico com todos os personagens ou uma linha do tempo para a história no caso de narrativas, relatórios de leitura que podem ser escritos ou veiculados por meio de vídeos, organização de uma performance ou evento, como um coro falado ou um sarau, um júri simulado, reescrituras de finais diferentes, deslocamento da obra para outros tempos e espaços, aproveitamento das várias possibilidades do fandom e do RPG para ampliar alguns elementos da obra, memorização da história para ser contada e outras tantas estratégias didáticas.

Ainda que fundamental na escola por proporcionar meios de o professor verificar e conduzir o processo formativo do leitor, o registro também é um instrumento importante nos círculos de leitura fora da escola. Por meio dele, os leitores maduros podem ampliar e fortalecer os laços da comunidade, além de proporcionar ao grupo um momento especial de reflexão e satisfação pelo crescimento, que é o que dá vida ao grupo e o faz durar. Naturalmente, as estratégias de registro em círculos fora da escola não precisam seguir estritamente os procedimentos escolares. Elas podem ser bem mais simples e acontecer de modo um pouco mais espaçado, após a leitura de um conjunto de obras.

Com esse padrão básico de execução, um círculo de leitura pode ter reuniões e aulas diversificadas que servem de transição entre uma leitura e outra ou mesmo de descanso após a discussão de uma obra mais densa. É assim que se pode convidar o autor ou um especialista para falar sobre certo tema ou obra, física ou virtualmente, por videoconferência ou qualquer outro programa de interação social que permita a comunicação on-line. Em outro momento, pode-se promover uma leitura em voz alta de trechos favoritos do livro lido, poemas de outros autores ou de autoria dos próprios membros. Também se pode fazer uma dramatização usando elementos das obras lidas ou fazer uma sessão de reconto de histórias populares. No caso de crianças pequenas, uma aula ou reunião pode ser feita com os pais, e adolescentes podem querer realizar um encontro em um ambiente diferente. Quaisquer que sejam essas variações, elas devem ser previstas no calendário do círculo de leitura e não devem perturbar a atividade principal que é a leitura compartilhada de uma obra.

A AVALIAÇÃO

Os círculos de leitura não institucionais não devem se abster de realizar periodicamente um balanço de suas atividades, o que está funcionando bem e o que precisa ser melhorado. Essa avaliação pode focar as fases do compartilhamento, o processo de seleção das obras ou qualquer outro aspecto que permita o aprimoramento das ações do grupo.

Os círculos de leitura institucionais precisam proceder a avaliações mais sistemáticas e sistematizadas. Nesse sentido, uma boa medida é aproveitar que os círculos de leitura demandam protagonismo dos participantes e promover formas paralelas e combinadas de avaliação e autoavaliação. A filmagem das discussões dos grupos é uma dessas formas. O professor passa o vídeo para a turma e analisa junto com os alunos os aspectos que um e outros consideram relevante, apontando os ganhos e as necessidades de melhoria ou desenvolvimento. Cada grupo também pode fazer isso sozinho como uma atividade de autoavaliação. Os vídeos com as discussões, aliás, devem ser guardados na biblioteca para que outros grupos possam consultar ou até mesmo servir para um leitor individual que queira ver e ouvir uma discussão sobre aquela obra. Outra prática de avaliação e autoavaliação combinadas é a elaboração de listas de boas práticas no fim da leitura de cada livro pelos grupos. No término do semestre, o professor reúne essas listas e constrói junto com toda a turma um decálogo de boas práticas, podendo ser até registrado em um cartaz na sala de aula como princípios básicos ou regras de funcionamento daquela comunidade de leitores.

A avaliação também pode ser feita a partir da leitura dos diários de leitura, nos quais o professor busca analisar questões relativas à formação do leitor, tal como ampliação e fortalecimento de habilidades cognitivas, e ao conhecimento literário. Esses mesmos aspectos, somados às habilidades sociais, devem ser observados pelo professor durante a execução dos debates e registrados em fichas ou planilhas. No caso de atribuição de nota ou conceito, essas planilhas servem como material de comprovação escrita da observação feita pelo professor. Outro material que pode ser usado com os mesmos fins avaliativos são os registros feitos ao final da leitura de cada obra.

Dessa forma, não faltam meios nem fins para que se proceda à avaliação dos círculos de leitura. O mais importante é que a avaliação não interfira naquilo que é essencial ao círculo de leitura e a qualquer processo de letramento literário: o encontro do leitor com a obra. Se o professor perceber que ela está interferindo ou que o aluno está participando para ser avaliado, deve interromper ou rever o processo avaliativo. Esse princípio vale para todas as atividades e etapas que listamos anteriormente. Afinal, um círculo de leitura é uma estratégia de compartilhamento organizado de uma obra dentro de uma comunidade de leitores que se constituiu com esse objetivo. Por isso, se não funcionar como um diálogo autêntico entre seus participantes, o círculo de leitura não tem sentido em ser assim constituído. Ler, já vimos, é um diálogo que se mantém com a experiência do outro e os círculos de leitura tornam esse diálogo uma ação comunitária. É por isso também que ler é um processo, uma aprendizagem sobre a construção do mundo, do outro e de nós mesmos em permanente devenir. Ler é movimento.

FÁBULA 7

UM CASAMENTO DE INTERESSE

Senhorinha Ramos não era a moça mais bonita da região, mas não lhe faltavam pretendentes. Na festa da Anunciação, fez-se uma fila de marmanjos na barraquinha de doces da quermesse só porque ela servia as porções. No baile dos anos de Don'Ana, seu cartão de dança estava cheio antes mesmo de começar a tocar a primeira música. Morena trigueira, grandes olhos negros, Senhorinha Ramos era afável com todos, mas os pretendentes não iam muito adiante na conversa. Sinhá Nica, sua mãe, se preocupava.

– Essa menina é muito luxenta, vai ser difícil arranjar marido que lhe agrade nessas redondezas.

Sô Nicolau, homem experiente de gente, retrucava:

– Sê boba, Sianica, se não tiver nas redondezas, vem de outro lugar. Com o dote que minha filha tem, ela casa quando quiser.

Não quero aqui repetir maledicências de vizinhança, mas é certo que, sendo única herdeira das vastas terras de Sô Nicolau, Senhorinha Ramos nem precisava ser bonita para encontrar marido. Os pretendentes iriam aparecer naturalmente, como estavam aparecendo. O problema parecia ser cair no gosto da mocinha. Não que fosse luxenta, como anatematizava a mãe. Ao contrário, sempre alegre e faceira, ela não colocava defeitos nos pretendentes, antes lhes elogiava a família, o garbo no cavalo, a habilidade na dança e outras qualidades que costumam atrair moças casadoiras.

Entretanto, quando confrontada pela mãe sobre a potencialidade do jovem, respondia enigmaticamente:

– Não posso casar com ele porque não sou boi no pasto, nem pedra no riacho.

A mãe entendia que a filha queria morar em casa na cidade e reclamava com o marido:

– Filha e netos morando tão longe de nós, como vai ser difícil.

Sô Nicolau, homem experiente de negócios, retrucava:

– Sê boba, Sianica, o marido não vai querer ficar longe das terras. Eles vão viver mais aqui do que lá.

Não quero aqui repetir maledicências de vizinhança, mas é certo que sendo moça de tantas posses, Senhorinha Ramos bem que poderia morar onde quisesse, até mesmo no estrangeiro, onde cidade não faltava. Mas não parecia ser bem isso que ela estava querendo, pois, quando moço estrangeiro apareceu no arraial e alvoroçou as moças casadoiras e até mesmo as já casadas, Senhorinha Ramos foi das poucas que confiança nenhuma deu à visita, preferindo ficar resguardada no quarto quando a comitiva passou na fazenda.

Também não era caso de viagem. O filho mais velho dos Otoni, vizinho de terras, fez cerco à Senhorinha Ramos na Festa dos Santos Reis. Moço estudado e fino, não parava na fazenda, sempre com o pé estrada. Observando a aproximação, Sinhá Nica se perturbava:

– Vão ficar para cima e para baixo como se fossem ciganos. Vou perder minha filha e netos.

Sô Nicolau, homem experiente de mundo, retrucava:

– Sê boba, Sianica, homem só viaja assim quando não tem casa. Casado, ele assenta juízo.

Não quero aqui repetir maledicências de vizinhança, mas é certo que a moça não se interessou pela corte. Do menino Otoni, dizem que guardou mágoa de ter oferecido tanto à Senhorinha Ramos e essa ter desdenhado da proposta. Pelo sim, pelo não, ele mudou definitivamente para a cidade e lá casou e colocou banca de advogado. Na fazenda do pai, só veio quando foi para discutir a herança com os irmãos.

O mistério se resolveu no dia em que o noivo sortudo foi finalmente anunciado. A notícia só surpreendeu quem não sabia do gosto da Senhorinha Ramos pelos livros. Se soubessem, teriam por natural que ela escolhesse para marido o amanuense da fazenda. O homem era o braço direito de Sô Nicolau e Sinhá Nica o tinha quase por filho, o que deve ter ajudado na decisão da família. Já o coração da moça foi conquistado com a resposta que ele deu à charada que ela propôs aos outros pretendentes.

Não quero aqui repetir maledicências de vizinhança, mas o que ficou nos anais dessa história foi que, quando Senhorinha Ramos disse que não era boi no pasto, nem pedra no riacho, o amanuense não ofereceu casa na cidade, nem viagens, apenas respondeu que quem lia podia se movimentar o quanto quisesse por dentro das palavras que estão nos livros.

Se isso foi verdade, eu não posso assegurar, pois repito história de terceiros. O que sei de certo, porque fui testemunha, é que por vários anos, até se mudarem para a cidade, o amanuense, uma vez por mês, selava o cavalo e ia até a biblioteca da cidade copiar, com letra bonita, livros e mais livros para sua amada.

Conclusão

PARA NÃO DIZER QUE EU NÃO FALEI DAS FLORES

Um círculo de leitura é uma prática de letramento literário de grande impacto tanto para quem participa quanto para o espaço onde ele acontece. Nos grupos de amigos, as relações se estreitam. Nos ambientes de trabalho, a convivialidade se fortalece. Entre desconhecidos, surgem confidentes, parceiros de leitura que se transformam em amigos. Nas escolas, os círculos de leitura oferecem aos alunos a oportunidade de construir sua própria aprendizagem por meio da reflexão coletiva, ampliar a capacidade de leitura e desenvolver a competência literária, entre outros tantos benefícios em termos de habilidades sociais, competências linguísticas. Os alunos aprendem a dialogar, resolver problemas, liderar, argumentar, sintetizar, exemplificar, registrar, questionar, entre outras competências. Além disso, as discussões dos círculos de leitura ajudam a desenvolver o alto raciocínio, favorecem o domínio da escrita e promovem o letramento literário em um movimento que incorpora à formação do leitor o prazer de ler e a construção compartilhada da interpretação. Tudo isso comprovado por várias pesquisas, conforme a bibliografia que amparou este livro.

Não obstante todas as suas qualidades, os círculos de leitura não são uma panaceia para a aprendizagem da escrita e a formação do leitor na escola, nem uma maravilha curativa para a solidão e o individualismo que ronda os indivíduos nas cidades. Não só os diferentes tipos de círculos de leitura trazem diferentes resultados, como também os espaços, os tempos e as condições em que são realizados interferem positiva ou negativamente nos benefícios que oferecem. Nos círculos formados por leitores maduros e não institucionais, por exemplo, a ausência de sistematicidade das reuniões pode ser fatal para o grupo, assim como um calendário excessivamente cheio ou esparso de leituras. Nas salas de aula, na biblioteca e na escola como um todo é fundamental que o círculo de leitura não seja uma atividade isolada, mas sim parte de um programa de leitura que abarque outras tantas atividades de promoção do hábito de ler, formação do leitor e leitura literária.

É assim que um círculo de leitura funciona melhor quando é acompanhado de projetos mais amplos, tais como a feira do livro e a festa de encerramento do ano, com encenação de peças de teatro, músicas e outras performances artísticas, que envolvem toda a escola, e projetos mais específicos, como a hora do conto, a leitura silenciosa sustentável e o amigo do livro (um colega mais velho que lê ou compartilha a leitura com um mais jovem de turmas diferentes), entre várias outras possibilidades. O importante é que essas atividades estejam integradas entre si formando um programa e tenham como objetivo o fortalecimento da comunidade de leitores que deve ser cada escola. Afinal, os círculos de leitura têm um alcance e uma amplitude que vai além da escola, mas a leitura na escola é uma ação bem maior e mais complexa do que os círculos de leitura.

Finalmente, considerando que este livro traz uma proposta contextualizada para a implantação de círculos de leitura dentro e fora da escola, cumpre chamar a atenção para duas questões relevantes. A primeira diz respeito ao cumprimento dos passos e mecanismos listados como adequados para a efetivação de um círculo de leitura. Eles não se constituem, em absoluto, em uma prescrição. Ao contrário, são frutos de experiências que se mostraram produtivas frente aos desafios que buscavam enfrentar. Nesse sentido, não se pode esquecer que a nossa capacidade de aprender vai além de qualquer estratégia ou método didático. A maior prova disso é que o propositor de uma nova metodologia aprendeu certamente dentro dos limites da metodologia anterior que ele critica. O que um método faz é aprimorar, consolidar, fortalecer aquilo que pretendemos alcançar, tornando mais factível atingir nossos objetivos. Por isso, o uso de várias estratégias soltas funciona, mas se o professor tem um caminho seguro, se conhece o caminho, não perde tempo com atalhos duvidosos nem repetidas idas e vindas. O método enquanto caminho oferece justamente isso: a certeza de que seguindo-o temos altas probabilidades de atingir tal e qual objetivo, produto ou resultado.

A segunda questão, tão ou mais importante que a primeira, é que a necessidade de organizar e sistematizar os círculos de leitura não deve se prender apenas às atividades aqui relacionadas. Os círculos de leitura podem incorporar todos os modos de ler e meios de circulação da literatura. Reconhecemos aqui que pouco nos debruçamos sobre outras formas de suporte para o texto literário além da escrita e do livro. Trata-se, entretanto, de uma falha de formação, por um lado, e de desconhecimento, por outro – nas comunidades de leitura em que me formei e das quais participo ativamente o livro é o objeto dominante. Não obstante, tudo o que foi dito para o livro serve igualmente para as outras tantas modalidades de manifestação literária. O leitor será generoso em fazer a transposição e as devidas adaptações.

Do mesmo modo, os círculos de leitura podem e devem incorporar bem mais do que as práticas indicadas da voz, da memória, do comentário e da análise, tornando-se um foco de diferentes modos de ler do texto, do contexto e do intertexto que aprimoram a leitura literária e reforçam o caráter plural da literatura. Ler não tem contraindicação, porque é o que nos faz humanos. Todas as formas de ler valem a pena. Todas as formas de ler são diálogos entre o passado e o presente. Todas as formas de ler são modos de compartilhar saberes, experiências e concepções da vida e do mundo. Os círculos de leitura são espaços de compartilhamento organizados para que o diálogo em torno de uma obra seja também um lugar onde leitores se reconheçam como membros de uma comunidade.

Bibliografia

A FORÇA da amizade. *Correio Braziliense*. Brasília, 20 jul. 2010, p. 22.

ABRAMOVICH, Fanny. *Literatura infantil*: gostosuras e bobices. São Paulo: Scipione, 1993.

ADOMAT, Donna S. Drama's Potential for Deepening Young Children's Understandings of Stories. *Early Childhood Education Journal*, v. 40, n. 6, 2012, pp. 343-50.

AGUIAR, Valéria T. B. de. Jogos de simulação no ensino de Geografia. *Ensino em Re-Vista*, v. 7, n. 1, jul./jun. 1998/1999, pp. 7-13.

AKMAN, Varol; BAZZANELLA, Carla. The complexity of context: guest editors' Introduction. *Journal of Pragmatics*, n. 35, 2003, pp. 321-9.

ALBRIGHT, Lettie K.; ARIAIL, Mary. Tapping the potential of teacher read-alouds in middle schools. *Journal of adolescent & adult literacy*. v. 48, n. 7, abr. 2005, pp. 582-91.

ALBUQUERQUE, M. Fátima M. Entre o texto e o palco: dramatizações de histórias na primeira infância. Forma Breve, Portugal, n. 5, jul. 2007, pp. 223-34. Disponível em: <http://revistas.ua.pt/index.php/formabreve/article/view/249/219>. Acesso em: 4 fev. 2013.

ALENCAR, José de. [1873] *Como e porque sou romancista*. Rio de Janeiro: Academia Brasileira de Letras, 1987.

ALLEN, Graham. *Intertextuality*. London: Routledge, 2000.

ALMEIDA, Gabriela de. Livros de papel e os clubes de leitura continuam em alta no Brasil. *Correio Braziliense*, 15 dez. 2010, p. 20.

APAIXONADAS por literatura. *Revista Vinte e Um*, 4 nov. 2010, p. 40. Disponível em: <http://issuu.com/revistavinteeum/docs/revistavinteeum>. Acesso em: 20 jan. 2013.

AZEVEDO, Ricardo. *No meio da noite escura tem um pé maravilha* – Contos folclóricos de amor e aventura. São Paulo: Ática, 2006.

BAKHTIN, Mikhail. *Estética da criação verbal*. São Paulo: Martins Fontes, 1992.

_____. *Marxismo e filosofia da linguagem*. São Paulo: Hucitec, 1997.

BAYARD, Pierre. *Como falar dos livros que não lemos?* Rio de Janeiro: Objetiva, 2007.

BEACH, Richard; YUSSEN, Steven. Practices of productive adult book clubs. *Journal of Adolescent & Adult Literacy*, v. 55, n. 2, out. 2011, pp. 121-31.

BEARDSLEY, M. C.; WIMSATT, W. K. A falácia intencional. [1946]. In: LIMA, Luis C. (Org.). *Teoria da literatura em suas fontes*. Rio de Janeiro: Civilização Brasileira, 2002.

BECKER, Jean. *La tête en friche* [Minhas tardes com Margueritte]. Filme. 78 min. 2010.

BEEGHLY, Dena G. It's about time: Using electronic literature discussion groups with adult learners. *Journal of Adolescent & Adult Literacy*, v. 49, n. 1, set. 2005, pp. 12-21.

BELMIRO, Celia A. A multimodalidade na literatura infantil e a formação de professores leitores. RBLA, Belo Horizonte, v. 10, n. 2, 2010, pp. 403-20. Disponível em: <http://wac.colostate.edu/siget/rbla/belmiro.pdf>. Acesso em: 10 jan. 2013.

_____. *Um estudo sobre relações entre imagens e textos verbais em cartilhas de alfabetização e livros de literatura infantil*. Niterói- RJ/UFF, 2008. Tese (Doutorado em Educação). Universidade Federal Fluminense.

BILLINGS, L.; FITZGERALD, J. Dialogic discussion and the Paideia Seminar. *American Educational Research Journal*, v. 39, n. 4, inverno 2002, pp. 907-41.

BOLLE, Willi. *Fórmula e fábula*. São Paulo: Perspectiva, 1973.

BONEBAKKER, J. D. Victoria. Literature & Medicine: Humanities at the Heart of Health Care: A Hospital-Based Reading and Discussion Program Developed by the Maine Humanities Council. *Academic Medicine*, v. 78, n. 10, out. 2003, pp. 963-7.

BORRALHO, Maria Luísa M.; VIEGAS, Ângela M. F. Para uma escola com masmorras e dragões – As estratégias do jogo de R.P.G. na sala de aula. *Videtur*, v. 31, 2005, pp. 37-54. Disponível em: <www.hottopos.com/videtur31/borrviegas.htm >. Acesso em: 15 jan. 2013.

BRABHAM, Edna G.; VILLAUME, Susan K. Continuing conversations about literature circles. *The reading teacher*, v. 54, n. 3, nov. 2000, pp. 278-80.

BRADBURY, Ray. *Fahrenheit 451*. São Paulo: Globo, 2003.

BRASIL, Assis. *Guimarães Rosa*. Rio de Janeiro: Simões, 1969.

BUSATTO, Cléo. *Contar e encantar*: pequenos segredos da narrativa. Petrópolis: Vozes, 2003.

CALVO, Blanca. *Recetas para un club de lectura*. Disponível em: <http://reddebibliotecas.jccm.es/portal/index.php/2012-03-05-16-39-42/submenu-clubes/2-uncategorised/59-receta-club-de-lectura>. Acesso em: 15 jan. 2013.

CAMARGO, Luis H. *Poesia infantil e ilustração*: estudo sobre "Ou isto ou aquilo". Campinas, 1998. Dissertação de Mestrado. Instituto de Estudos da Linguagem. Unicamp. Disponível em: <www.bibliotecadigital.unicamp.br/document/?code=vtls000135504&opt=4>. Acesso em: 10 dez. 2012.

CAMÕES, Luis Vaz de. *Lírica*. Belo Horizonte: Itatiaia; São Paulo: Edusp, 1982.

CAMPOS-BRUSTELO, Tatiane N.; BRAVO, Fernanda F.; SANTOS, Manoel A. dos. Contando e encantando histórias de vida em um centro de atenção psicossocial. *SMAD, Rev. Eletrônica Saúde Mental Álcool Drog.* Ribeirão Preto, v. 6, n. 1, 2010. Disponível em: < www.revistasusp.sibi.usp.br/scielo.php?script=sci_arttext&pid=S1806-69762010000100007&lng=pt&nrm=iso>. Acesso em: 4 fev. 2013.

CARVALHAL, Tania F. Intertextualidade: a migração de um conceito. *Via Atlântica*. São Paulo: USP, n. 9, jun. 2006, pp. 125-36. Disponível em: <www.fflch.usp.br/dlcv/posgraduacao/ecl/pdf/via09/Via%209%20cap10.pdf.>. Acesso em: 18 jul. 2012.

CARVALHO, Larissa C. Práticas de leitura e escrita na contemporaneidade: jovens e fanfictions. Porto Alegre, 2012. Tese de Doutorado. Programa de Pós-graduação em Educação. Universidade Federal do Rio Grande do Sul. Disponível em: < www.dominiopublico.gov.br/pesquisa/DetalheObraForm.do?select_action=&co_obra=95303>. Acesso em: 10 jan. 2013.

CASTRO, Paul E. José Cardoso Pires's Balada da Praia dos Cães, Historiographic Metafiction, and the Detective Novel. *Romance Studies*, v. 28, n. 2, 2010, pp. 130-40.

CECCANTINI, João L. Leitores de Harry Potter: do negócio à negociação da leitura. In: RETTENMAIER, Miguel; JACOBY, Sissa (Orgs.). *Além da plataforma nove e meia*: pensando o fenômeno Harry Potter. Passo Fundo: UPF, 2005.

_____. Leitores iniciantes e comportamento perene de leitura. In: SANTOS, Fabiano dos; MARQUES NETO, José Castilho; ROSING, Tania M. K. (Orgs.). *Mediação de leitura*: discussões e alternativas para a formação de leitores. São Paulo: Global, 2009.

CHARTIER, Roger. Comunidades de leitores. In: *A ordem dos livros*: leitores, autores e bibliotecas na Europa entre os séculos XIV e XVIII. Brasília: UnB, 1999.

_____. *Leituras e leitores na França do Antigo Regime*. São Paulo: Unesp, 2004.

CLAUSEN-GRACE, Nicki; KELLEY, Michelle J. Facilitating engagement by differentiating independent reading. *The Reading Teacher*, v. 63, n. 4, 2009, pp. 313-8. Disponível em: <http://dx.doi.org.ez27.periodicos. capes.gov.br/10.1598/RT.63.4.6>. Acesso em: 25 jan. 2013.

CLUBE das Literatas. Disponível em: <http://literatasclube.blogspot.com.br/>. Acesso em: 20 jan. 2013a.

CLUBE do Livro Espírita do Brasil. Disponível em <www.clubedolivroespirita.com/>. Acesso em: 13 jan. 2013b.

_____. Um clube de leitura e para discussão de vários temas. Disponível em: <http://clubedolivro.wordpress. com/>. Acesso em: 18 jan. 2013c.

COELHO, Jacinto do Prado. *Ao contrário de Penélope*. Venda Nova: Bertrand, 1976.

COETZEE, J. M. *Verão*. São Paulo: Companhia das Letras, 2010.

COFFEE, Neil et al. Intertextuality in the Digital Age. *Transactions of the American Philological Association*, v. 142, n. 2, outono 2012, pp. 383-422. Disponível em: <http://muse.jhu.edu/journals/transactions_ of_the_american_philological_association/v142/142.2.coffee.html >. Acesso em: 23 nov. 2012.

COMPAGNON, Antoine. *Literatura para quê?* Belo Horizonte: UFMG, 2009.

CORACINI, Maria José R. F. Concepções de leitura na (pós)modernidade. In: CARVALHO, Regina C.; LIMA, Paschoal (Orgs.). *Leituras*: múltiplos olhares. Campinas: Mercado das Letras; São João da Boa Vista: Unifeob, 2005.

CORDEIRO, Fernando H. C. *Balada da praia dos cães*: o desafiante romance policial de Cardoso Pires. São José do Rio Preto: 2010. Dissertação (Mestrado). Universidade Estadual Paulista, Instituto de Biociências, Letras e Ciências Exatas. Disponível em: <www.dominiopublico.gov.br/download/texto/cp124012. pdf>. Acesso em: 13 jan. 2013.

CORNELLA, Alfons. Infoxicación. *Infonomia* , 25 mar. 2011. Disponível em: <www.infonomia.com/articulo/ ideas/7150>. Acesso em: 20 mar. 2012.

CORTEZ, Mariana. *Por linhas e palavras*: o projeto gráfico do livro infantil contemporâneo em Portugal e no Brasil. Tese (Doutorado em Estudos Comparados de Literaturas de Língua Portuguesa) – Faculdade de Filosofia, Letras e Ciências Humanas, Universidade de São Paulo, São Paulo, 2008. Disponível em: < www.teses.usp.br/teses/disponiveis/8/8156/tde-28112008-162648/>. Acesso em: 20 out. 2012.

COSSON, Rildo. A prática do letramento literário em sala. In: GONÇALVES, Adair e PINHEIRO, Alexandra S. (Orgs.). *Nas trilhas do letramento*: entre teoria, prática e formação docente. São Paulo: Mercado das Letras, 2011.

_____. A seleção de textos literários em três modos de ler. In: MACHADO, Zelia V. et al. (Orgs.). *Escolhas (literárias) em jogo*. Belo Horizonte: Autêntica, 2009.

_____ et al. Círculo de leitura: ensino, extensão e cidadania. *Expressa Extensão* (UFPel), Pelotas, v. 4, n. 2, 1999, pp. 41-8.

_____. *Letramento literário*: teoria e prática. São Paulo: Contexto, 2006.

_____. Literatura: modos de ler na escola. In: BOCCHESE, Jocelyne et al. (Orgs.). *O cotidiano das letras*. Anais da Semana de Letras. Porto Alegre: EDIPUCRS, 2011. Disponível em: <http://ebooks.pucrs.br/ edipucrs/anais/XISemanaDeLetras/pdf/rildocosson.pdf>. Acesso em: 11 jan. 2012.

184 Círculos de leitura e letramento literário

_____. O apagamento da literatura na escola. *Investigações* – Linguística e Teoria literária, v. 15, jul. 2002.

_____. O espaço da literatura na sala de aula. In: Paiva, Aparecida et al. *Literatura*: ensino fundamental. Brasília: MEC – SEB, 2010.

_____. Três histórias de leitura: sexo, analfabetismo e letramento literário. *Revista Língua Escrita*, n. 3, dez. 2007, pp. 1-7. Disponível em: <www.ceale.fae.ufmg.br/linguaescrita/artigo.php?id=35>. Acesso em: 20 jan. 2008.

CUPERTINO, Edson Ribeiro. *Vamos jogar RPG?* Diálogos com a literatura, o leitor e a autoria. São Paulo, 2008. Dissertação de Mestrado. Programa de Pós-Graduação em Estudos Comparados em Literaturas de Língua Portuguesa. Universidade de São Paulo. Disponível em: <www.teses.usp.br/teses/disponiveis/8/8156/tde-13022009-122722/pt-br.php>. Acesso em: 10 jan. 2013.

DALLA-BONA. Elisa. *Letramento literário*: ler e escrever literatura nas séries iniciais do ensino fundamental. Curitiba, 2012. Tese (Doutorado em Educação) – Setor de Educação, Universidade Federal do Paraná.

DANIEL, Mary L. *João Guimarães Rosa*. Travessia literária. Rio de Janeiro: José Olympio, 1968.

DANIELS, Harvey. *Literature circles*. Voice and choice in Books Clubs and Reading Groups. 2 ed. Portland, Maine: Stenhouse Publishers, 2002.

_____; STEINEKE, Nancy. *Mini-lessons for Literature Circles*. Portsmouth, NH: Heinemann, 2004.

DAY, Jeni P. et al. *Moving forward with literature circles*. New York: Scholastic Professional Books, 2002.

DAYRELL, Mônica M. S. et al. Mala de leitura. *Anais 6º Encontro de Extensão da UFMG* – Belo Horizonte, 9 a 12 dez. 2003. Disponível em: <www3.ufmg.br/proex/arquivos/co_coordcomext_6Encontro.pdf#page=96>. Acesso em: 10 mar. 2012.

DEVILLE, Michel. *La lectrice* [Uma leitora bem particular]. Filme. 97 min. 1988.

DIONÍSIO, Maria de Lourdes da T. *A construção escolar de comunidades de leitores*. Coimbra: Almedina, 2000.

EVEN-ZOHAR, Itamar. *Papers in Culture Research*. Tel Aviv: Unit of Culture Research, Tel Aviv University, 2010. Disponível em: <www.tau.ac.il/~itamarez/works/books/EZ-CR-2005_2010.pdf>. Acesso em: 20 mar. 2011.

_____. Polysystem Theory. *Poetics Today*. International Journal for Theory and Analysis of Literature and Communication, v. 11, n. 1, primavera, 1990.

FERRARI, Vanessa. Conversas no cárcere. *Revista TPM*, n. 126, 13 nov. 2012. Disponível em: <http://revistatpm.uol.com.br/revista/126/bazar/conversas-no-carcere.html>. Acesso em 20 jan. 2013.

FERREIRA, Norma S. de A. Um estudo das edições de "Ou isto ou aquilo", de Cecília Meireles. *Pro-Posições*, Campinas, v. 20, n. 2, maio/ago. 2009, pp. 185-203. Disponível em: <www.scielo.br/pdf/pp/v20n2/v20n2a12.pdf>. Acesso em: 10 dez. 2012.

FIDELIS, Ana Cláudia. *Leitura em voz alta* [mensagem pessoal]. Mensagem recebida por <rcosson@gmail.com> em 21 jan. 2013.

FIORIN, José L. Linguística e pedagogia da leitura. *Scripta*, Belo Horizonte, v. 7, n. 14, 1º sem. 2004, pp. 107-17.

FISH, Stanley. *Is there a text in this class?*: the authority of interpretive communities. Cambridge, Mass.: Harvard University Press, 1995.

FLUSSER, Vilém. *A dúvida*. Rio de Janeiro: Relume Dumará, 1999.

_____. Esperando por Kafka. *Da religiosidade*: a literatura e o senso da realidade. São Paulo: Escrituras, 2002.

FREIRE, Paulo. Educação como prática da liberdade. 14. ed. Rio de Janeiro: Paz e Terra, 1983.

GALLAND, A. *As mil e uma noites*. Apresentação Malba Tahan. Rio de Janeiro: Ediouro, 2001.

GENETTE, Gérard. *Palimpsestes*. Paris: Seuil, 1982.

GILMOUR, David. *O clube do filme*. São Paulo: Intrínseca, 2009.

GIROTTO, Cyntia; SOUZA, Renata. Estratégias de leitura: para ensinar alunos a compreenderem o que leem. In: SOUZA, Renata (Org.). *Ler e compreender*: estratégias de leitura. Campinas: Mercado de Letras, 2010.

Bibliografia **185**

GUARANY, Wilson C. (Coord.). *O cabo e a lâmina*. O poético em Tutameia. Porto Alegre: PUC-RS, 1974.

HALL, R. Mark. The "Oprahfication" of Literacy: Reading "Oprah's Book Club". *College English*, v. 65, n. 6, jul. 2003, pp. 646-67. Disponível em: <www.jstor.org/stable/3594275>. Acesso em: 21 fev. 2013.

HAYLES, N. Katherine. *Literatura eletrônica*. Novos horizontes para o literário. São Paulo: Global; Passo Fundo: FUPF, 2009.

HEATH, Shirley B. *Ways with words*: Language, life, and work in communities and classrooms. New York: Cambridge University Press, 1983.

_____. What no bedtime story means: narrative skills at home and school. In: MERCER, Neil (Org.). *Language and literacy from an educational perspective*. Philadelphia: Open University Press, 1988. v. II: In schools.

HINDMAN, A. H.; MORRISON, F. J. Differential contributions of three parenting dimensions to preschool literacy and social skills in a middle-income sample. *Merrill-Palmer Quarterly*, v. 58, n. 2, 2012, pp. 191-223.

HIRSCH JR., E. D. Building knowledge: the case for bringing content into the language arts block and for a knowledge rich curriculum core for all children. *American Educator*, v. 30, n. 1, Primavera 2006, pp. 8-17. Disponível em: <www.aft.org/newspubs/periodicals/ae/spring2006/hirsch.cfm>. Acesso em: 10 out. 2011.

HUMPHREY, Jack; PREDDY, Leslie B. Keys to successfully sustaining an SSR program. *Library Media Connection*, Academic Search Premier, Ipswich, MA, v. 26, n. 6, mar. 2008, p. 30-2.

ISER, Wolfgang. *O ato de leitura*: uma teoria do efeito estético. São Paulo: Editora 34, 1996.

JEAN, George. *A leitura em voz alta*. Trad. Isabel Andrade. Lisboa: Instituto Piaget, 2000. Disponível em: <http://catalogo.uab.pt/docs/acessibilidades/LeituraVozAlta.pdf>. Acesso em: 20 out. 2012.

JEAN, Raymond. *A leitora*. Trad. Manuela Torres. Lisboa: Teorema, D.L. 1992.

KING, Carole. "I like group reading because we can share ideas": the role of talk within the Literature Circle. *Reading*, v. 35, n. 1, abr. 2001, pp. 32–6.

KIRCHOF, E.; SILVEIRA, R. H. Contação de história: uma análise da escolha de histórias em um recorte de experiências gaúchas. *Conjectura*: filosofia e educação, v. 14, abr. 2010. Disponível em: <www.ucs.br/etc/revistas/index.php/conjectura/article/view/24>. Acesso em: 4 jan. 2013.

KNEZIC, D. et al. The Socratic Dialogue and teacher education. *Teaching and Teacher Education*, v. 26, n. 4, 2010, pp. 1104-11.

KONG, Ailing; FITCH, Ellen. Using book club to engage culturally and linguistically diverse learners in reading, writing, and talking about books. *The Reading Teacher*, v. 56, n. 4, dez. 2002/ jan. 2003, pp. 352-62. Disponível em: <www.jstor.org/stable/20205209>. Acesso em: 14 jan. 2013.

KRASHEN, Stephen. Free reading: is it the only way to make kids more literate? *School Library Journal*, v. 42, n. 4, set. 2006, pp. 42-5. Disponível em: <www.schoollibraryjournal.com/>. Acesso em: 25 jan. 2013.

LAJOLO, M. Literatura infantil brasileira e estudos literários. *Estudos de Literatura Brasileira Contemporânea*, Brasília, n. 36, fev. 2011. Disponível em: <http://seer.bce.unb.br/index.php/estudos/article/view/2883/2490>. Acesso em: 20 out. 2012.

_____. O texto não é pretexto. Será que não é mesmo?. In: ZILBERMAN, Regina; RÖSING, Tania M. K. (Orgs.). *Leitura em crise na escola*: velha crise, novas alternativas. São Paulo: Global, 2009.

LARROSA, Jorge. *Pedagogia profana*: danças, piruetas e mascaradas. Porto Alegre: Contrabando, 1998.

LEE, Valarie. Becoming the reading mentors our adolescents deserve: developing a successful sustained silent reading program. *Journal of Adolescent & Adult Literacy*, v. 55, n. 3, nov. 2011, pp. 209-18.

LEFFA, Vilson J. *Aspectos da leitura*. Porto Alegre: Sagra: DC Luzzatto, 1996.

_____. Perspectivas no estudo da leitura: texto, leitor e interação social. In: LEFFA, Vilson J.; PEREIRA, Aracy, E. (Orgs.). *O ensino da leitura e produção textual*: alternativas de renovação. Pelotas: Educat, 1999.

LIMA, Luís Costa. Mito e provérbio em Guimarães Rosa. *A metamorfose do silêncio*. Rio de Janeiro: Eldorado, 1974.

LIVRARIA Cultura. *Clube do Livro Fortaleza*. Disponível em: <www.livrariacultura.com.br/scripts/eventos/resenha/resenha.asp?nevento=30689a.>. Acesso em: 11 mar. 2013.

LONG, Elizabeth. Textual interpretation as collective action. In: BOYARIN, Jonathan. (Ed.) *The Ethnography of reading*. Berkeley and Los Angeles: University of California Press, 1993.

MACHADO, Ana Maria. *Dia de chuva*. Ilustração de Nelson Cruz. São Paulo: Richmond, 2007.

MACHADO, Anna R. *O diário de leituras*: a introdução de um novo instrumento na escola. São Paulo: Martins Fontes, 1998.

MAINE. *Literature & Medicine*: Humanities at the Heart of Health Care. Disponível em: <http://mainehumanities.org/programs/litandmed/>. Acesso em: 15 nov. 2012.

MANGUEL, Alberto. *Uma história da leitura*. São Paulo: Companhia das Letras, 1997.

MARCATTO, Alfeu. *Saindo do quadro*. São Paulo: A. Marcatto, 1996.

MARTINS, Kelly C. C. *Da leitura à literatura e ao letramento literário*: a prática docente em foco. Presidente Prudente, 2011. Dissertação (Mestrado) – Faculdade de Ciências e Tecnologia. Seção de Pós-Graduação. Universidade Estadual Paulista Júlio de Mesquista Filho. Campus de Presidente Prudente.

McGINLEY, William; CONLEY, Katanna; WHITE, John W. Pedagogy for a few: Book club discussion guides and the modern book industry as literature teacher. *Journal of Adolescent & Adult Literacy*, v. 44, n. 3, nov. 2000, pp. 204-14.

McGLINN, Jeanne M.; CALVERT, Laurie B.; JOHNSON, Pauline S. University-School Connection: A Reading Circle for Teachers. *The Clearing House*, v. 77, n. 2, nov./dez. 2003, pp. 44-9.

McLAINE, Susan. Healing for the Soul: The Book Well Program. *Australasian Public Libraries and Information Services*, v. 23, n. 4, dez. 2010, pp. 141-7. Disponível em: <http://search.informit.com.au/documentS ummary;dn=565232164731517;res=IELHSS>. Acesso em: 20 jan. 2013.

MEC. Secretaria de Educação Continuada, Alfabetização e Diversidade. Edital n. 01/2005/Secad/MEC, 15 dez. 2005. *Concurso Público Literatura Para Todos*. Disponível em: <http://portal.mec.gov.br/secad/arquivos/pdf/concursoliterario.pdf>. Acesso em: 15 mar. 2010.

MEDEIROS, Luísa e GOULART, Guilherme. Caso de diplomas falsos será levado ao Ministério Público. *Correio Braziliense*, 6 nov. 2009. Disponível em <http://www.correiobraziliense.com.br/app/noticia/cidades/2009/11/06/interna_cidadesdf,153035/index.shtml>. Acesso em: 20 jan. 2013.

MELLO, Roger. *Vizinho, vizinha*. Ilustrações: Graça Lima, Mariana Massarani, Roger Melo. São Paulo: Cia. das Letrinhas, 2007.

MENEGASSI, Renilson J.; FUZA, Angela F. O conceito de leitura nos documentos oficiais. *Signum*: Estud. Ling., Londrina, n. 13/2, dez. 2010, pp. 315-36.

MIALL, David; KUIKEN, Don. What is literariness? Three components of literary reading. *Discourse Processes*, v. 28, n, 2, p. 121-38, 1999. Disponível em: <http://www.ualberta.ca/~dmiall/reading/index.htm>. Acesso em: 18 set. 2007.

MILLS, Heidi; JENNINGS, Louise. Talking About Talk: Reclaiming the Value and Power of Literature Circles. *The Reading Teacher*, v. 64, n. 8, maio 2011, pp. 590-8.

MIRANDA, Ana. Nossas almas inquietas. *Correio Braziliense*. Brasília, 22 jun. 2008, p. 8.

MIRANDA, Fabiana M. Fandom: um novo sistema literário digital. *Hipertextus*, n. 3, jun. 2009, pp. 1-21. Disponível em: <www.hipertextus.net/volume3/Fabiana-Moes-MIRANDA.pdf>. Acesso em: 20 jan. 2013.

MITCHELL, S. Socratic dialogue, the humanities and the art of the question. *Arts and Humanities in Higher Education*, v. 5, n. 2, maio 2006, pp. 181-97.

MORAIS, Sérgio P.; ROCHA, Rafael. RPG (Role Playing Game): notas para o ensino-aprendizagem de História. *História & Ensino*, Londrina, v. 18, n. 1, jan./jun. 2012, pp. 27-47. Disponível em: <www.uel.br/revistas/uel/index.php/histensino/article/view/12389>. Acesso em: 14 jan. 2013.

MURPHY, P. Karen et al. Examining the effects of classroom discussion on students' high-level comprehension of text: A meta-analysis. *Journal of Educational Psychology*, v. 101, n. 3, 2009, pp. 740-64.

MUSSA, Claudia; MALERBI, Fani E. A. K. O impacto da atividade lúdica sobre o bem-estar de crianças hospitalizadas. *Psicologia*: teoria e prática, São Paulo, v. 10, n. 2, dez. 2008. Disponível em: <http://pepsic.bvsalud.org/scielo.php?script=sci_arttext&pid=S1516-36872008000200007&lng=pt&nrm=i so>. Acesso em: 4 fev. 2013.

NAFISI, Azar. *Lendo Lolita em Teerã*. São Paulo: Girafa, 2004.

NEDER, Divina L. et al. Importância da contação de histórias como prática educativa no cotidiano escolar. *Pedagogia em ação*, v.1, n.1, jan./jun. 2009, pp. 1-141. Disponível em: <http://periodicos.pucminas.br/index.php/pedagogiacao/article/viewArticle/648>. Acesso em: 5 jan. 2013.

NIKOLAJEVA, Maria. Literacy, competence and meaning-making: a human sciences approach. *Cambridge Journal of Education*, v. 40, n. 2, 2010, pp. 145-59. Disponível em: <http://dx.doi.org/10.1080/030576 4X.2010.481258>. Acesso em: 10 out. 2012.

NUNES, Benedito. *O dorso do tigre*. 2. ed. São Paulo: Perspectiva, 1976.

NYSTRAND, Martin. Research on the role of classroom discourse as it affects reading comprehension. *Research in the Teaching of English*, v. 40, n. 4, maio 2006, pp. 392-412. Disponível em: <www.jstor.org/stable/40171709>. Acesso em: 12 jan. 2013.

O'BRIAN, Mary. Using the Concept of Literature Circles in a College Course. *Journal of Teaching in Marriage & Family*, v. 4, n. 1, pp. 217-24, 2004.

OXFORD University Press. *Bookworms Club Reading Circles*. Disponível em: <www.oup-bookworms.com/reading-circles.cfm>. Acesso em: 20 jan. 2013.

PAULINO, Graça. *Das leituras ao letramento literário*: 1979-1999. Belo Horizonte: Fae/UFMG; Pelotas: UFPel, 2010.

_____. O tempo e o campo do Jogo: onde está a literatura?. IX *Jogo do Livro e* III *Fórum ibero-americano de letramentos e aprendizagens*. Palestra, 26 out. 2011.

_____; COSSON, Rildo. Letramento literário: para viver a literatura dentro e fora da escola. In: RÖSING, Tânia M.K; ZILBERMAN, Regina (Orgs.). *Escola e leitura*: velha crise, novas alternativas. São Paulo: Global, 2009.

PEGA NO LIVRO. Guia com orientações para criar novos clubes de leitura. Disponível em: <http://peganolivro.files.wordpress.com/2012/07/guia-clubes-de-leitura1.pdf>. Acesso em: 14 jan. 2013.

PETERSON, Barbara. *Literary Pathways*. Selecting books to support new readers. Postmouth: Heinemann, 2001.

PETIT, Michèle. *A arte de ler ou como resistir à adversidade*. São Paulo: Editora 34, 2010.

PIRES, José. C. *Balada da praia dos cães*. Lisboa: Planeta, 2000.

PLATÃO. *O banquete ou do amor*. Trad. Pinharanda Gomes. Coimbra: Atlântida, 1968.

PNLL. Programa Nacional do Livro e da Leitura. *Crie seu clube de leitura*. Disponível em: <http://189.14.105.211/conteudo/c00046/CLUBE_DE_LEITURA.aspx>. Acesso em: 20 jan. 2013.

REDMANN, Jennifer. An Interactive Reading Journal for all levels of the Foreign Language Curriculum. *Foreign Language Annals*, v. 38, n. 4, 2005, pp. 484 -93.

RETRATOS do Brasil. Instituto Pró-livro, 2012. Disponível em: <www.prolivro.org.br/ipl/publier4.0/dados/anexos/2834_10.pdf>. Acesso em: 20 set. 2012.

RETTENMAIER, Miguel. Entre o céu, a terra e o Orkut: a comunidade virtual e a literatura do amanhã. In: RETTENMAIER, Miguel; RÖSING, Tania (Orgs.). *Questões de leitura e hipertexto*. Passo Fundo: UPF, 2007.

REX, L.; GREEN, J.; DIXON, C. What counts when context counts?: The uncommon "common" language of literacy research. *Journal of Literacy Research*, n. 30, v. 3, 1998, pp. 405-33.

RIEDEL, Dirce Côrtes. Grande Sertão: Veredas. Choques e interação de culturas. *Travessia*, v. 7, n. 15, 1987, pp. 70-84.

ROBERTS, Sherron K. Using Literature Study Groups to Construct Meaning in an Undergraduate Reading Course. *Journal of Teacher Education*, v. 49, n. 5, nov./dez. 1998, pp. 366-71.

RODRIGUES, Sônia. *Roleplaying Game e a pedagogia da imaginação no Brasil*. Rio de Janeiro: Bertrand Brasil, 2004.

ROJO, Roxane. *Letramento e capacidades de leitura para a cidadania*. São Paulo: Rede do Saber/CENP-SEE-SP, 2004. Disponível em: <http://deleste2.edunet.sp.gov.br/htpc2012/pc1_letramento.pdf>. Acesso em: 15 jan. 2012.

RÔNAI, Paulo. Os prefácios de Tutameia. As estórias de Tutameia. Apêndice. In: ROSA, João Guimarães. *Tutameia*. Terceiras estórias. 3 ed. Rio de Janeiro: José Olympio, 1969.

ROONEY, K. *Reading with Oprah*: the book club that changed America. Fayeteville: University Of Arkansas Press, 2005.

ROSA, João Guimarães. João Porém, o criador de perus. In: *Tutameia*. Terceiras Estórias. 4. ed., Rio de Janeiro: José Olympio, 1976.

ROSENBLATT, Louise M. *The reader, the text, the poem*: the transactional theory of the literary work. Southern Illinois University, 1994 [1978].

_____. *Literature as exploration*. 6. ed. New York: Modern Language Association of America, 1978.

SCHARBER, Cassandra. Online book clubs: Bridges between old and new literacies practices. *Journal of adolescent & adult literacy*, v. 52, n. 5, fev. 2009, pp. 433-7.

SIMÕES, Irene Gilberto. *Guimarães Rosa*: as paragens mágicas. São Paulo: Perspectiva, 1988.

SLOAN, Glenna. Northrop Frye in the elementary classroom. *Children's Literature in Education*, v. 40, n. 2, 2009, pp. 120-35.

SMAGORINSKY, Peter. The cultural practice of reading and the standardized assessment of reading instruction: when incommensurate worlds collide. *Educational Researcher*, v. 38, n. 7, 2009, pp. 522-27.

SOARES, Magda Becker. A escolarização da literatura infantil e juvenil. In: EVANGELISTA, Aracy; BRINA, Heliana; MACHADO, Maria Zélia (Orgs). *A escolarização da leitura literária*: o jogo do livro infantil e juvenil. 2. ed. Belo Horizonte: Autêntica, 2001.

SOTER, Anna O. et al. What the discourse tells us: Talk and indicators of high-level Comprehension. *International Journal of Educational Research*, n. 47, 2008, pp. 372-91.

STOCK, Brian. Minds, bodies, readers: I. Healing, meditation, and the history of reading. *New Literary History*, v. 37, n. 3, verão 2006a, pp. 489-501.

_____. II. Healers without Books, Readers without Souls. *New Literary History*, v. 37, n. 3, pp. 503-13, verão 2006b.

_____. III. Clinical therapies, readerly mentalities. *New Literary History*, v. 37, n. 3, verão 2006c, pp. 515-25.

TAHAN, Malba [Julio Cesar de Mello e Souza]. *O homem que calculava*. Rio de janeiro: Record, 2001 [1938].

TAUNAY, Visconde de. [1923] In: SODRÉ, Nelson W. *História da literatura brasileira*. Rio de Janeiro: Civilização Brasileira, 1964.

TERWAGNE, S. Read-alouds in kindergarten classrooms and the nature of literary un-derstanding. L1 – Educational Studies in Language and Literature, v. 6, n. 3, 2006, pp. 63-75.

THE NEW London Group. A pedagogy of multiliteracies: designing social futures. Harvard educational review, v. 66, n. 1, primavera 1996. Disponível em: <wwwstatic.kern.org/filer/blogWrite44ManilaWebsite/paul/articles/A_Pedagogy_of_Multiliteracies_Designing_Social_Futures.htm>. Acesso em: 10 mar. 2007.

THE READER organization. *Get into Reading*. Disponível em: <http://thereader.org.uk/>. Acesso em: 20 jan. 2013.

THEIN, A. H.; GUISE, M.; SLOAN, D. L. Problematizing Literature Circles as Forums for Discussion of Multicultural and Political Texts. *Journal of Adolescent & Adult Literacy*, v. 55, n. 1, set. 2011, pp. 15-24.

TODOROV, Tzvetan. *A literatura em perigo*. Rio de Janeiro: Difel, 2010.

TORRES, Shirlei M.; TETTAMANZY, Ana Lúcia L. Contação de histórias: resgate da memória e estímulo à imaginação. Nau Literária, v. 4, n. 1, jan./jun. 2008, pp. 1-8. Disponível em: <http://seer.ufrgs.br/index.php/NauLiteraria/article/view/5844>. Acesso em: 5 jan. 2013.

TREDWAY, Lynda. Socratic Seminars: Engaging Students in Intellectual Discourse. *Educational Leadership*, v. 53, n. 1, set. 1995, pp. 26-9. Disponível em: Academic Search Premier, EBSCOhost. Acesso em: 12 jan. 2012.

TROUSDALE, Ann M.; HARRIS, Violet J. Missing Links in Literary Response: Group Interpretation of Literature. *Children's Literature in Education*, v. 24, n. 3, 1993, pp. 195-207.

WITTE, Th., RIJLAARSDAM, G.; SCHRAM, D. An empirically grounded theory of literary development. Teachers' pedagogical content knowledge on literary development in upper secondary education. *L1- Educational Studies in Language and Literature*, n. 12, 2012, pp. 1-33. Disponível em: <http://l1.publication-archive.com/public?fn=lookup&repository=1&string=Vol%2012%2C%20Special%20Issue%20Interpretation%20of%20Literature>. Acesso em: 26 mar. 2012.

YOPP, Ruth H.; YOPP, Hallie K. *Literature-based reading activities*. Boston: Allyn and Bacon, 2001.

ZILBERMAN, Regina. Letramento literário: não ao texto, sim ao livro. In: PAIVA, Aparecida et al. (Orgs.). *Literatura e letramento*: espaços, suportes e interfaces – o jogo do livro. Belo Horizonte: Autêntica/Ceale, 2003.

_____. O legado da literatura. In: SANTOS, Fabiano dos; MARQUES NETO, José Castilho; ROSING, Tania M. K. (Orgs.). *Mediação de leitura*: discussões e alternativas para a formação de leitores. São Paulo: Global, 2009.

_____. A leitura na escola. In: ZILBERMAN, Regina (Org.). *Leitura em crise na escola*: as alternativas do professor. Porto Alegre: Mercado Aberto, 1986.